BASTEI
LÜBBE

JAIME PERALES
RENATA GOSSEN

SPANISCH

WIE ES NICHT IM WÖRTERBUCH STEHT

BASTEI
LÜBBE

BASTEI-LÜBBE-TASCHENBUCH
Band 63 071

1. Auflage April 1982
2. Auflage Mai 1982
3. Auflage Sept. 1983
4. Auflage Mai 1986
5. Auflage Dez. 1987
6. Auflage Juli 1989

Die Originalausgabe erschien unter dem Titel
SPANISCH, WIE ES IM BUCHE STEHT
– Vergnüglicher Kurs für Anfänger –
beim Verlag Heinrich Scheffler, Frankfurt

Lizenzausgabe: Gustav Lübbe Verlag GmbH,
Bergisch Gladbach
Printed in West Germany, Juli 1989
Einbandgestaltung: Ralph Rudolph
Gesamtherstellung: Ebner Ulm
ISBN 3-404-63071-8

Der Preis dieses Bandes versteht sich einschließlich
der gesetzlichen Mehrwertsteuer

1. LEKTION

Wir sind soweit. Das Gepäck ist im Wagen gut verstaut, die Pässe sind in Ordnung, das Geld ist umgewechselt, in *«pesetas»* umgewechselt, denn diesmal geht es nach Spanien.

Können Sie denn Spanisch? *¿Habla usted español?* Wörtlich: sprechen Euer Gnaden Spanisch? Denn *usted* kommt von *vuestra merced,* und *merced* heißt die Gnade, wobei das *c* wie ein engl. *th* ausgesprochen und das Schluß-*d* verschluckt wird. Nun, probieren Sie es selbst, das *h* von *habla* ist stumm, also *¿Habla usted español?* und das Zeichen über dem *n* heißt Tilde und bringt den nj-Laut hervor, den Sie schon alle aus der Geographiestunde kennen, als vom *cañón* die Rede war, der auch bei Karl May sehr beliebt ist.

So romantisch fängt es also an, und da fallen Ihnen auch die spanischen Wörter, die Sie kennen, ein: *sombrero* der Hut, *saludos amigos* von Walt Disney und natürlich der unvermeidliche *caballero.* Verweilen wir etwas bei diesem in Spanien noch aktuellen Wort, *caballero,* der ritterliche Herr; das *b* sprechen wir gegen ein w hin aus, und das Doppel-*l* wie ein deutsches lj.

Und weil schon von *pesetas* die Rede war, legen wir Ihnen ans Herz, von Anfang an recht viel Kleingeld bereit zu halten, denn, wie die Spanier sagen: *Poderoso caballero es Don Dinero* = Ein mächtiger Herr ist Gevatter Geld. Das *s* von *poderoso* (es wird die zweitletzte Silbe betont) ist ein scharfes, stimmloses *s* (wie in deutsch groß) nicht ganz wie ein Doppel-s, aber doch etwa anderthalb s lang; *es* = ist; das Wort *Don* haben wir mit Gevatter frei übersetzt. Sie kennen aber schon den *Don Juan* und wissen, daß diese Höflichkeitsbezeichnung vor dem Namen auch mit Herr übersetzt wird, und eben vor dem Vornamen. Hier wird das Geld scherzweise personifiziert, um ihm noch mehr Ehre anzutun. *El dinero* = das Geld (und wieder die vorletzte Silbe betonen), das *r* ist natürlich ein Zungen-r, aber ganz weich gerollt, wenn es mitten im Wort ist. Bleiben wir noch einen Augenblick beim verwerflichen

Don Juan und erinnern wir uns, daß dieses *j* wie deutsch «ch» in «ach» ausgesprochen wird (Chuan).

Nun möchten wir, daß alle Leser sich bemühen, den ersten spanischen Spruch laut zu sagen: *Poderoso caballero es Don Dinero.* Das sagt man schön aneinander: *hilado* (mit stummem *h*) nennt man das im Spanischen, das heißt «gesponnen», also ohne den Faden abzureißen. Und wir wollen unseren roten Faden, der uns aus unserem Heimatland nach Spanien führen wird, auch nicht abreißen, denn wir sind eben im Begriffe, in den Wagen einzusteigen, aber nur als unsichtbare Begleiter einer Familie, die wir Ihnen vorstellen; es sind vier Personen: Vater und Mutter, der Sohn Peter und die Tochter Rosemarie.

Vater und Mutter, so begann schon die Menschheitsgeschichte und so beginnt auch unsere spanische Geschichte: *el padre y la madre* (*y* = i auszusprechen); *el* ist natürlich der männliche Artikel und *la* der weibliche.

Es folgen nun die Kinder: *la hija* (icha) *Rosamari,* so heißt sie auf spanisch, wobei das *a* von Mari betont wird; *Rosa* hat ein offenes *o* (wie in deutsch Gott) und das *s* ist wieder stimmlos kräftig. Jetzt lesen wir *«hilado»* = aneinander: *la hija Rosamari y el hijo Pedro.* Wir nennen den Sohn *Pedro,* um uns etwas Lokalkolorit zu geben; der Bub ist übrigens ganz stolz, plötzlich ein Pedro zu sein.

Doch fürs erste empfehlen wir, sich an Fräulein Rosemarie zu halten, sie ist nämlich die einzige, die etwas Spanisch spricht (hat sie in der Handelsschule gelernt). *Rosamari habla español. Rosamari, una pequeña* (pekenja) *señorita, habla español. Hablar* = sprechen ist die Grundform.

Hablar ist ein wichtiges Zeitwort, ein ganzes Programm steckt in diesem Verb, also wollen wir es zu allererst konjugieren: *hablo, hablas, habla* (bei allen drei Formen wird die erste Silbe betont), dann *hablamos* (vorletzte Silbe), *habláis* (das *a* von *ais* betonen), *hablan* (vorletzte Silbe). Wie Sie eben sahen, kann man die Fürwörter «ich, du, usw.» weglassen, doch wollen wir sie trotzdem anführen: *yo (y* = j, betont wird das offene *o*), *tú, él* (er), *ella* (elja = sie), *nosotros, -as, vosotros, -as, ellos, -as* (eljos, -jas).

Zu bemerken ist noch, daß die Anredeform *usted* = Sie i m m e r in der dritten Person Einzahl zu gebrauchen ist, also *usted habla español* = Sie sprechen spanisch. Selbstverständlich, wenn mehrere Personen angesprochen werden, gebraucht man die Mehrzahlform von *usted* = *ustedes* mit der dritten Person Mehrzahl des Zeitwortes. Die Fürwörter wir, ihr und sie haben sowohl männliche als auch weibliche Formen.

Und jetzt schauen wir uns Rosemarie näher an: sie ist blond = *ella es rubia,* und hier, im Anlaut des Wortes, wird das *r* ganz kräftig gerollt (wie im deutschen Wort Narr). Das Wort *rubia* verrät Ihnen, daß die Adjektive veränderlich sind, ein Mann wäre also *rubio*.

Sie ist 17 Jahre alt. Der Spanier sagt «von 17 Jahren» = *de diecisiete años* (das *c* vor *i* und *e* immer wie ein engl. stimmloses *th* aussprechen). Daß das *s* bei *años* eine Mehrzahlbildung ist, haben Sie scharfsinnig schon bemerkt.

Seien wir ebenfalls spanisch höflich und beginnen wir mit einem Kompliment – man soll immer das Angenehme mit dem Nützlichen verbinden: sie ist sehr hübsch = *es muy guapa,* man hört das *g* und das *u,* das fast zu einem engl. *w* wird. Jetzt lesen wir den Satz «hilado», ohne den Faden zu zerreißen zwischen den Wörtern: *Rosamari es una señorita muy guapa.* Sie hat es nicht überhört, wenn sie auch gerade damit beschäftigt ist, den Picknickkorb und ihre spanische Weisheit auszupacken, denn unsere Familie hat einen schönen, schattigen Platz gefunden und setzt sich bequem hin.

Aquí estamos muy bien. Wörtlich läßt es sich nicht übersetzen (ici on est bien, hier ist ein herrlicher Platz). Unser kleines Fräulein bringt ihrer Familie bei, daß *aquí* (aki) mit Akzent auf dem *i* ausgesprochen wird und man vom *estamos* eigentlich nur stamos hört. Auch sagt sie, daß *estamos* die erste Person Mehrzahl von *estar* ist. *Estar* kann im Deutschen mit «sein» übersetzt werden, aber nur für das Sein als Ausdruck eines vorübergehenden Zustandes: *estoy* (offenes *o* wird betont, *y* = i), *estás, está, estamos, estáis, están* (immer das *a* betonen).

Nun will der Vater aber wissen, wie man denn einen Dauerzustand ausdrückt: dann nimmt man eben die andere Form: *ser.* So heißt zum Beispiel: ich bin Spanier = *soy español,* und es geht weiter: *soy, eres, es, somos, sois, son.*

Pedro hat so schön konjugiert, daß ihm auch ein Kompliment gebührt. Nein, nicht *guapo*. Einem 15jährigen Pfadfinder macht man Komplimente anderer Art. Wir könnten zum Beispiel konstatieren, daß er *un muchacho salado* ist (*ch* = deutsch tsch), ein flotter junger Mann.

Fragen von allen Seiten: was heißt essen? *Comer* (betontes *e*), und das Brot? *el pan*. Eine Wurst? *el embutido* (*i* betonen) oder beim Picknick besser *el fiambre*. Ein Ei? *un huevo* (stummes *h*, *v* = w). Die Mutter mahnt aber zu etwas Höflichkeit und will allen guten Appetit wünschen = *buen apetito* oder *buen provecho* (prowetscho). Und was wäre guten Tag? *Buenos días*. Das sagen jetzt alle im Chor.

Von jetzt an wird spanisch gegrüßt. Deswegen rufen wir unserer Familie zu: *Hasta la vista* = Auf Wiedersehen, ja so sagen die meisten Ausländer, die spanisch reden. Bei den richtigen Spaniern aber ist *adiós* (*o* betonen) viel beliebter, oder dann *hasta pronto* (bis bald). Somit auch Ihnen, liebe Leser: *Hasta pronto*.

Wir haben in der 1. Lektion gelernt:

la(s) peseta(s)	die Pesete(n)	*el año*	das Jahr
hablar	sprechen	*muy*	sehr
habla usted	sprechen Sie	*guapo, -a*	hübsch
español	spanisch, Spanier	*aquí*	hier
el sombrero	der Hut	*bien*	gut (Adverb)
caballero	Herr, Gentleman	*el muchacho*	der Knabe
poderoso, -a	mächtig	*salado, -a*	flott, sympathisch
el dinero	das Geld	*comer*	essen
el padre	der Vater	*el pan*	das Brot
y	und	*el embutido* }	Wurst
la madre	die Mutter	*el fiambre* }	(Aufschnitt)
la hija	die Tochter	*un huevo*	ein Ei
el hijo	der Sohn	*buenos días*	guten Tag
pequeño, -a	klein	*hasta la vista*	auf Wiedersehen
la señorita	das Fräulein	*adiós*	adieu
rubio, -a	blond	*hasta pronto*	«à bientôt»
diecisiete	siebzehn	*buen apetito*	guten Appetit
		buen provecho	guten Appetit

PRÄSENS DER VERBEN	*hablar*	*estar*	*ser*
(yo)	*hablo*	*estoy*	*soy*
(tú)	*hablas*	*estás*	*eres*
(él) / *(ella)*	*habla*	*está*	*es*
(nosotros, -as)	*hablamos*	*estamos*	*somos*
(vosotros, -as)	*habláis*	*estáis*	*sois*
(ellos) / *(ellas)*	*hablan*	*están*	*son*

Señoras y señores: buenos días (Betonung siehe am Ende der Lektion), und zwar heißt *buenos días* sowohl guten Morgen als auch guten Tag. Man grüßt bis zum Mittagessen (in Spanien also bis 14 Uhr) mit *buenos días.* Nach dem Mittagessen, nach dem *almuerzo,* sagt man schon *buenas tardes.*

Señoras y señores, das sind Sie, meine Damen und Herren; die Einzahl heißt *la señora, el señor.* Und mit dem Mehrzahl-Artikel? *las señoras, los señores.* Wenn eine *señora* verkleinert wird, dann wird sie zur *señorita,* denn *-ito, -ita,* verkleinert jedes Wort. So ist ein kleiner *Pedro* ein *Pedrito,* und ein kleiner *muchacho* ein *muchachito.*

Während unsere Familie das alles übt, rollt der Wagen schon der spanischen Grenze zu: *la frontera española.* Da kommt auch schon der erste echte Spanier zu unserem Wagen.

Er hat einen schönen Schnurrbart: *un bigote bonito.* Das Wort *bigote* für Schnurrbart hat eine so schöne Geschichte, daß wir sie Ihnen nicht vorenthalten wollen, wenn sie auch nicht philologisch bewiesen ist. Erinnern Sie sich noch aus dem Geschichtsunterricht, daß es einen Herzog von Alba gab, welcher die Niederlande ziemlich energisch behandelte? Die armen Flamen mußten damals dem spanischen König die Treue schwören, und weil sie das nicht gerne taten, sagt die Überlieferung, schworen sie falsch; das heißt, sie legten den Zeigefinger waagrecht über die Oberlippe und sagten: «bei Gott» (schwöre ich). Da sie aber fast alle Schnurrbärte trugen, meinten die Spanier, sie hätten bei ihrem Schnurrbart geschworen und nannten ihn *bigote.*

So die Legende. Auf jeden Fall hat unser Beamter *un bigote bonito,* schwarze Haare, *pelo negro,* und natürlich zwei feurige Augen, *dos ojos fogosos (ojos* = ochos). Er schreitet mit Anmut, *con garbo,* einher, und doch würdevoll, *digno* (*g* und *n* getrennt aussprechen, wie im Deutschen), wie ein General, der die Front abnimmt, *como un general* (dieses anlautende *g* wird vor *e* und *i* als ch ausgesprochen).

Der Zoll, *la aduana*, ist schnell erledigt. Haben Sie etwas zu verzollen? *¿Tiene usted algo para declarar?* Und Rosamari antwortet mit ihrem bezaubernden Lächeln, *con su encantadora sonrisa* (wobei das *r* von *sonrisa* ganz stark gerollt wird, wie am Anfang des Wortes): «Nein, wir fahren ans Meer und haben nur unsere persönlichen Sachen bei uns.» = *No, vamos* (wir gehen) *al mar y sólo tenemos efectos personales. «Muy bien, gracias»*, sagt er.

Dann folgt ein martialischer Gruß = *un saludo marcial*, und wir können endlich auf spanischer Erde weiterfahren.

Unsere Familie erwartet sofort mindestens einen Esel, *un burro*, oder tanzende Zigeuner, *gitanos bailando*, oder gar einen *torero* zu sehen. Statt dessen merkt man wirklich noch keinen großen Unterschied im Straßenbild, und die Motorroller scheinen die Esel verdrängt zu haben.

¡Caramba! ruft Pedro aus. Dieser Ausruf, der ungefähr unserem Donnerwetter entspricht, kommt ihm so einheimisch vor. Leider sollen aber die Spanier gar nicht mehr so oft, wie die Touristen es gerne hätten, *caramba* ausrufen.

Es geht schon gegen Mittag. Die Sonne, *el sol*, brennt, die Mägen sind hungrig, die Kehlen ausgetrocknet. Endlich winkt ein ... *restaurante*. Ja, es tut uns leid, es sagen zu müssen, aber all die spanischen Ausdrücke (etwa 50) für die Gaststätten müssen nach und nach dem internationalen «Restaurant» weichen. Man muß schließlich ein übriges für den Fremdenverkehr tun!

Alles aussteigen. Der Wagen wird unter einem Eukalyptusbaum abgestellt (endlich etwas spanische Vegetation), und bald sitzen alle in der kühlen Gaststube. Der Vater klatscht in die Hände, denn er weiß, daß man in Spanien so den Kellner ruft.

Der Kellner, *el camarero,* antwortet: *¡voy!* (boi, wobei das *o* betont wird), also nicht ich komme, sondern «ich gehe», und eilt sofort herbei, um zu fragen: *¿Qué desean los señores?* Was wünschen die Herrschaften? (*Qué* = ke, das *u* hört man nicht).

La lista de platos ist die Speisekarte. Die wäre da, aber es fällt einem Ausländer nicht leicht, die richtigen Speisen zu bestellen. Die Familie versucht es: zuerst die herrlichen und reichhaltigen spanischen *entremeses (hors d'œuvre).* Dann folgt das Gemüse, *la verdura,* Fisch, *pescado,* aber nur der tote Fisch, dann Fleisch, *carne,* und schließlich Nachtisch, *postres.* Kleinere Menus sind selten.

Und was trinken die Herrschaften? *¿Qué beben* (sprich bewen) *los señores? Deseamos vino.* Wir wünschen Wein. *¿Blanco o tinto?* Weiß oder rot? *Vino tinto* heißt zwar Rotwein, aber das Wort *tinto* dürfen Sie nur in diesem Zusammenhang für Rotwein brauchen. Nun, zum Fisch paßt der weiße, zum Fleisch der rote, daher sagt der Vater nach einem kleinen Flüstern mit seiner redegewandten Tochter: *primero blanco y después (é* wird betont) *tinto* = zuerst weiß, und dann rot. Und nun, liebe Leser, stoßen Sie mit uns und mit der Familie höflich an, prosit, oder auf echt spanisch: *«Salud y pesetas ...»,* Gesundheit und Geld, denn von Romantik allein kann man weder leben noch Ferien machen. *«Salud y pesetas».*

Faustregeln für die Betonung:

Auf Konsonanten (ausgenommen mehrsilbige Wörter auf *-n* und *-s*) endende Wörter werden auf der letzten Silbe betont, z. B. *español, señor.*

Auf Vokal und *-n* und *-s* endende Wörter haben den Ton auf der vorletzten Silbe, z. B. *padre, madre, Carlos, hablan,* usw.

Weicht der Akzent von dieser Regel ab, so wird er ausdrücklich mit einem «accent aigu» bezeichnet! Diese Akzente gehören zur offiziellen spanischen Orthographie.

Aussprache, das Wichtigste in Kürze:

h	ist immer stumm, z. B. *hablar, huevo, hacer.*
u	in den Silben *que, qui, gue, gui* ist immer stumm, z. B. *aquí, tranquilo.*
g vor *e* und *i* *j* immer	wie deutsches *ch* in lachen, z. B. *ligero, hija, juego.*
c vor *e* und *i* z immer	ähnlich wie scharfes englisches *th,* z. B. *gracias, marcial, almuerzo.*
ch	ungefähr wie deutsches *tsch,* dabei Mund aber nicht rund, sondern breit; z. B. *muchacho, provecho.*
ll	ungefähr wie deutsches *lj,* z. B. *caballero, cuchillo.*
ñ	*nj* wie im Worte Kognak, z. B. *español, año, pequeño.*
b *v*	bezeichnen denselben Laut: im Anlaut und nach *m* oder *n* gesprochen wie deutsches *b.* Sonst wie *w.* Also: *un buen amigo,* ein guter Freund = umbuenamigo *mi buen amigo,* mein guter Freund = miwuenamigo *el vino,* der Wein = elwino *el buen vino,* der gute Wein = elwuembino

d	im Anlaut und nach *n* wie deutsches *d*. Zwischen Vokalen klingt es hingegen ähnlich wie flüchtig gesprochenes englisches stimmhaftes *th* (z. B. in *that*), z. B. *embutido, vida.* Im Auslaut ist es fast stumm, z. B. *Madrid, usted* = Madri, usté.
p und *t*	ohne Hauchlaut zu sprechen!
r	zwischen zwei Vokalen ist ein mit der Zungenspitze hervorgebrachter „Zitterlaut", z. B. *primero, camarero*. Hinter Konsonanten kräftig gerollt, z. B. *postres, fiambre.*
rr	zwischen zwei Vokalen kräftig gerollt!
s	entspricht etwa anderthalb deutschem *s* oder dem deutschen ß in schießen.
y	entspricht dem deutschen Jod, z. B. *desayuno*. Am Wortende = i, z. B. *voy, soy, muy.*

Wir haben in der 2. Lektion gelernt:

WICHTIGSTE NEUE WÖRTER:

el señor	der Herr	*el mar*	das Meer
la señora	die Dame	*sólo*	nur
el almuerzo	das Mittagessen	*efectos personales*	persönliche Dinge, Sachen
buenas tardes	guten Tag (nach dem Mittagessen)	*gracias*	danke schön
		el saludo	der Gruß
la frontera	die Grenze	*marcial*	martialisch
el bigote	der Schnurrbart	*el burro*	der Esel
bonito, -a	schön	*el gitano*	der Zigeuner
el pelo	das Haar	*bailando*	tanzend
negro, -a	schwarz	*el sol*	die Sonne
el ojo	das Auge	*voy*	ich gehe
dos	zwei	*vamos*	wir gehen
fogoso, -a	feurig	*el camarero*	der Kellner
con	mit	*¿qué?*	was?
el garbo	die Anmut	*la lista de platos*	die Speisekarte
digno, -a	würdig, würdevoll	*los entremeses*	Hors-d'œuvre
		la verdura	Gemüse
como	wie	*el pescado*	Fisch
el general	der General	*la carne*	Fleisch
la aduana	der Zoll	*los postres*	Dessert
tiene	er hat, Sie haben	*beben*	sie trinken

tenemos	wir haben	*vino blanco*	Weißwein
algo	etwas	*vino tinto*	Rotwein
para	für, um zu ...	*primero*	zuerst
declarar	erklären, verzollen	*después*	nachher, dann
		la salud	die Gesundheit
encantador, -a	bezaubernd	*desear*	wünschen
la sonrisa	das Lächeln		

Unsere Reisenden haben sich erfrischt und die Rechnung beglichen. Sie haben die Rechnung richtig verlangt: *la cuenta, por favor* (das *e* von *cuenta* und das *o* von *favor* werden betont). Bezahlen heißt *pagar,* aber es gilt als unfein, von «pagar» zu sprechen, wenn man im Gasthof ist.

Nun ist unser nächstes Ziel Barcelona. Unterwegs steigen wir aber mit der deutschen Familie aus, denn da spielen in einem kleinen Dorf viele spanische Kinder. Und was spielen sie? Natürlich Stierkampf. Das andere beliebte Spiel ist Fußball, das im Spanischen *fútbol* heißt. Hier spielt man also Stierkampf. Wir müssen unbedingt diesem einmaligen Schauspiel zuschauen.

Den *torero* spielt der strammste Bub, mit wilden Locken auf dem Kopf, die er jetzt mit einem Hut bedeckt hat. Die anderen bewundern ihn und rufen ihn *Fernando.* Der Bub, *el chiquillo* = tschikiljo, hat ein rotes Tuch in der Hand, *capote* genannt. Ganz leise lockt er den kleinen Stier, der von einem schmächtigeren Bürschchen dargestellt wird. «*Torito*» (kleiner Stier, und hier bezeichnet die Silbe *-ito* eher eine Koseform), schmeichelt Fernando.

Der «torito» hält die Hände, *las manos,* an die Schläfen und streckt die beiden Zeigefinger als Hörner, *cuernos,* aus. Jetzt rennt er auf das Tuch zu. Sobald er sich aber nähert, schiebt der *torero* das rote *capote* auf die Seite, so daß sein Spielkamerad, *compañero de juego,* seinen Körper um Millimeterbreite streift, denn das ist die größte Kunst: je näher der «torito» dem Torero kommt, um so gefährlicher und «heldenhafter» ist der Kampf, *la lidia;* dieses Wort wird nur für den Stierkampf gebraucht!

So spielen sie eine Viertelstunde lang, *un cuarto de hora,* und dann rufen die Buben «töten», *a matar.* Jetzt wird der Torero zum *matador,* das heißt: Fernando nimmt einen Degen und «erledigt», *despacha,* den «torito».

Die Freunde klatschen, *sus amigos aplauden. Aplaudir* =

zujubeln. Der Torero Fernando hat es sehr gut gemacht und bekommt die Ohren, *las orejas,* vom «torito». Doch kehren wir zum Augenblick zurück, bevor Fernando zum Matador wird. Da sehen wir einige Mädchen, die zuschauen: *algunas chicas que están mirando* (sind im Begriffe zuzuschauen), und bevor der Torero sich endgültig dem Stier zuwendet, um ihn zu töten, nimmt er den Hut ab, macht vor dem hübschesten Mädchen eine *reverencia* und schmeißt den Hut *con garbo* zu ihren Füßen, *a sus pies,* was sagen will: dir zuliebe riskiere ich mein Leben = *arriesgo mi vida por amor a tí.*

Doch hören wir noch den kleineren Mädchen zu, die einen Ringelreihen tanzen. Was singen sie wohl? *¿Qué están cantando?* Passen wir schön auf. *Jugar al corro* heißt das Spiel, und die gesungenen Worte lauten: *tengo una muñeca vestida de azul* (ich habe eine Puppe gekleidet in Blau), *con su camisita y su canesú* (mit ihrem Hemdchen und ihrem Goller). *La saqué a paseo* (ich führte sie spazieren), *se me constipó* (und da hat sie sich erkältet, eigentlich «hat sie sich mir erkältet», weil hier diese Form persönlicher wirkt), *la tengo en la cama con mucho dolor* (ich behalte sie im Bett mit großen Schmerzen). *Esta mañanita me ha dicho el doctor* (diesen Morgen hat mir der Arzt gesagt) *que la dé jarabe con un tenedor* (daß ich ihr Hustensirup gebe mit einer Gabel). *Dos y dos son cuatro* (zwei und zwei sind vier), *cuatro y dos son seis* (vier und zwei sind sechs), *seis y dos son ocho* (sechs und zwei sind acht), *y ocho dieciséis* (und acht sind sechzehn).

Nun, liebe Leser, *queridos lectores*, lesen wir alle schön nacheinander das hübsche spanische Kinderlied, *la canción infantil:*

Tengo una muñeca vestida de azul,
con su camisita y su canesú.
La saqué a paseo, se me constipó,
la tengo en la cama con mucho dolor.
Esta mañanita me ha dicho el doctor,
que la dé jarabe con un tenedor.
Dos y dos son cuatro,
cuatro y dos son seis,
seis y dos son ocho,
y ocho dieciséis.

Da haben wir also zuerst das Zeitwort *tener* (haben, besitzen, wenn haben nicht als Hilfsverb verwendet wird). Die erste Person von *tener* heißt *tengo*, dann *tienes, tiene, tenemos, tenéis, tienen. Vestida* kommt von *vestir* (anziehen, bekleiden) und heißt also gekleidet. *Su* haben wir schon oft gesehen; es heißt sowohl „ihr" wie auch „sein". *Camisita* ist die Verkleinerungsform von *camisa* = Hemd, wie *mañanita* die Verkleinerung von *mañana* ist (*la mañana* = der Vormittag; *mañana* [ohne Artikel!] = morgen). *Saqué* ist

jugar al corro

eine Vergangenheitsform (das Präteritum) von *sacar* (herausnehmen, aus-, abziehen) und *el paseo* ist der Spaziergang.

Constiparse heißt sich erkälten und ist *un verbo reflexivo* = ein rückbezügliches Zeitwort. Das Konjugieren von verbos reflexivos ist sehr leicht. Man braucht nur *me* (mich), *te* (dich), *se* (sich), *nos* (uns), *os* (euch), *se* (sich, Mehrzahl), die *pronombres reflexivos*, rückbezüglichen Fürwörter, davor zu setzen. Also: *me constipo* = ich erkälte mich.

Constipó ist wieder das Präteritum, also eine Vergangenheitsform, von *constiparse*. Sie finden unter «Wir haben in der 3. Lektion gelernt» die durchkonjugierten Präsensformen – wie Sie sehen, sind die Endungen gleich wie bei *hablar*, das Sie schon in der ersten Lektion lernten. Vielleicht versuchen Sie es auch gleich noch mit *pagar?*

Mucho heißt viel (Adjektiv), wir haben es schon bei *muchas gracias* gesehen. *Ha dicho* entspricht genau dem deutschen «hat gesagt». *Que la* (auch *le*) *dé*, dieses *la* heißt ihr: daß ich i h r gebe. Wenn es ein Mann wäre, dann *le;* wenn es mehrere Puppen wären, dann *les* oder *las*, und mehrere Männer *les*. *El tenedor* ist die Gabel. Der Löffel wäre *la cuchara*, und das Messer *el cuchillo* (kutschiljo).

Nun haben wir schon so viele Zahlen gehabt, daß wir sie am Schluß der Lektion ergänzen, damit wir bis zwanzig zählen können.

Die ganz Fleißigen können das Kinderlied schön auswendig lernen. Es gibt eine Melodie dazu, die wir Ihnen leider nicht vermitteln können. Aber singen Sie die Worte ruhig zu irgendeiner einfachen Melodie, und denken Sie dabei an den wildgelockten *Fernando* und an die schöne *muñeca vestida de azul*.

Wir haben in der 3. Lektion gelernt:

BESTIMMTER ARTIKEL:	UNBESTIMMTER ARTIKEL:
el der *la* die Mehrzahl: *los, las* die	*un* ein *una* eine

PRÄSENS

von *tener* = haben, besitzen			eines regelm. Verbs auf *-ir*	
(yo)	*tengo*	ich habe	*aplaud-o*	ich applaudiere
(tú)	*tienes*	du hast	*-es*	du applaudierst
(él, ella, ello)	*tiene*	er, sie, es hat	*-e*	er, sie, es applaudiert

(nosotros, -as)	*tenemos* wir haben	*-imos*	wir applaudieren
(vosotros, -as)	*tenéis* ihr habt	*-ís*	ihr applaudiert
(ellos, ellas)	*tienen* sie haben	*-en*	sie applaudieren

eines *verbo reflexivo*

me constip-o		ich erkälte mich
te	*-as*	du erkältest dich
se	*-a*	er, sie, es erkältet sich
nos	*-amos*	wir erkälten uns
os	*-áis*	ihr erkältet euch
se	*-an*	sie erkälten sich

BESITZANZEIGENDE FÜRWÖRTER *(pronombres posesivos):*

Einzahl		Mehrzahl	
1. *mi*	mein	1. *mis*	meine
2. *tu*	dein	2. *tus*	deine
3. *su*	sein, ihr	3. *sus*	seine, ihre
4. *nuestro, -a*	unser	4. *nuestros, -as*	unsere
5. *vuestro, -a*	euer	5. *vuestros, as*	eure
6. *su*	ihr	6. *sus*	ihre

ZAHLWÖRTER VON 1—20: *uno, -a, dos, tres, cuatro, cinco, seis, siete, ocho, nueve, diez, once, doce, trece, catorce, quince, dieciséis, diecisiete, dieciocho, diecinueve, veinte.*

WICHTIGSTE NEUE WÖRTER:

la cuenta	die Rechnung	*por amor a tí*	aus Liebe zu dir
por favor	bitte schön	*jugar al corro*	Ringelreihen machen
pagar	bezahlen		
el chico	der Bub	*la muñeca*	die Puppe
el chiquillo	der kleine Bub	*azul*	blau
la chica	das Mädchen	*la camisa*	das Hemd
el capote	rotes Stierkämpfertuch	*saqué*	ich nahm
		sacar a paseo	spazieren führen
el toro	der Stier	*constiparse*	sich erkälten
el cuerno	das Horn	*la cama*	das Bett
la mano	die Hand	*en*	in
el compañero	der Kamerad	*mucho, -a*	viel
el juego	das Spiel	*el dolor*	der Schmerz
la lidia	der Stierkampf	*este, -a, -os, -as*	dieser, -e usw.
un cuarto de hora	eine Viertelstunde		hier
		la mañana	der Morgen
matar	töten	*ha dicho*	hat gesagt
despachar	erledigen	*el doctor*	der Doktor, Arzt
el amigo	der Freund	*que la dé*	daß ich ihr gebe

aplaudir	applaudieren		(Konjunktiv)
la oreja	das Ohr	*el jarabe*	der Hustensirup
algunos, -as	einige	*el tenedor*	die Gabel
estar mirando	im Begriff sein zuzuschauen	*querido, -a*	lieb
		el lector	der Leser
estar cantando	im Begriff sein zu singen	*la canción infantil*	das Kinderlied
que	welcher, -e, -es; -e	*vestir*	ankleiden
el pie, los pies	der Fuß, die Füße	*vestido, -a*	angezogen
la reverencia	die Verbeugung	*la cuchara*	der Löffel
arriesgar	riskieren	*el cuchillo*	das Messer
la vida	das Leben		

Wir haben unsere deutsche Familie in einem Dorf, *un pueblo*, verlassen, wie sie sich vergnügte, spielenden Kindern zuzusehen. Heute fahren wir mit ihr weiter. Wir fahren noch durch viele Dörfer, *muchos pueblos*, und sehen erstaunlicherweise viele Fabriken, *muchas fábricas*.

Was wird denn in diesen Fabriken verarbeitet? fragen unsere Feriengäste. Nun, meistens wird hier der berühmte Stoff aus der Wolle des Merino-Schafes erzeugt, *las telas de lana* (Wollstoffe). Angeblich soll Spanien, *España*, den dritten Platz, *el tercer puesto*, in der Textilproduktion der Welt einnehmen. Nun kennen wir schon drei Ordnungszahlen: *primero, segundo, tercero*. Weiter geht es mit *cuarto, quinto, sexto, séptimo, octavo, noveno* und *décimo*.

Doch kehren wir zu unseren Schafen zurück. Stammen denn diese Tiere aus Spanien? *¿Son estos animales originarios de España?* will Pedrito wissen. Und Rosamari, welche eine Handelsschule besucht, antwortet: *sí, estos animales viven en España* (leben = sind hier zu Hause). Wenn es nur ein Tier wäre, dann *este*, weiblich *esta*. Das Schaf = *la oveja*. *Estas ovejas* ist die Mehrzahlform.

Schon fahren wir durch die Vororte, *suburbios*, von Barcelona (*c* = engl. *th*). *Otra vez fábricas*, noch einmal Fabriken. Wieviele Einwohner hat denn diese Stadt? *¿Cuántos habitantes tiene esta ciudad?* will diesmal die Mutter wissen. *El padre responde* (antwortet): zwei Millionen. Und er kann es schon spanisch sagen: *tiene dos millones de habitantes*. Er hat nur einen kleinen Fehler gemacht, das *h* von *habitantes*, das natürlich stumm ist, hat er etwas angetönt.

Langsam fahren wir Richtung *«La Diagonal»*, vielleicht, *quizás*, die längste Straße Europas, *la calle más larga de Europa*. Welch große zweistöckige Autobusse! *Autobuses de dos pisos*, denn *el piso* heißt das Stockwerk. Viele Straßenbahnen, *muchos tranvías*, und, wie nett, der Anhängewagen ist ganz offen, ohne Fensterscheiben, daher heißt er auch *«la jardinera»*.

Und dann ... *muchos autos, bicicletas* (Fahrräder) *y scooters* (Roller). *Las calles son anchas* (breit) *y limpias* (sauber).

Wir fahren bis zur *Plaza de Cataluña* (Katalonienplatz) und den *«ramblas»* (Boulevards) entlang. Dort sind Hunderte von Blumenverkäuferinnen, *vendedoras de flores* oder *floristas*. Schaut die vielen Blumen! ruft die Mutter begeistert: *claveles rojos* (rote Nelken), *rosas amarillas* (gelbe Rosen), *margaritas y geranios* (Margeriten und Geraniumstöcke), und grüne Zweige, *ramas verdes!* Aber meine Lieblingsblumen sind nicht da, denn es ist schon Sommer, *verano*, sagt Rosamari, und sie nennt sie: *violetas y tulipanes.*

Alle haben natürlich verstanden, daß es sich um Veilchen und Tulpen handelt. Spanisch ist ganz leicht, *el español es muy fácil,* wenn man etwas Phantasie hat, *si se tiene algo de fantasía. ¿Qué monumento es este? pregunta* (fragt) *Pedrito. El monumento a Cristóbal Colón, el descubridor de América* (das Denkmal für Columbus, den Entdecker Amerikas).

Nicht weit, *no lejos* (= lechos), vom Denkmal ist *La Plaza del Rey* (Königsplatz), wo *Colón* offiziell von den *«Reyes Católicos»*, wie *Isabel* (das *e* wird betont) *de Castilla* und *Fernando de Aragón* hießen, empfangen wurde, als er von *América* zurückkam.

Dieses Denkmal bringt uns auf eine Idee, und wir gehen uns das Columbusschiff, *el barco,* anschauen, obwohl es damals eine komplizierte Bezeichnung, *la carabela,* trug, und den Eigennamen *Santa María* hatte. Sie haben es erraten, es ist eine getreue Kopie des Schiffes des Columbus, welche im Hafen verankert liegt, *que está anclado en el puerto.* Was aber das Wort Schiff, *la palabra barco,* betrifft, so sagt man auch *la barca* (ein kleines Boot), wie folgendes Kinderlied beweist:

Al pasar la barca me dijo el barquero:
las niñas bonitas no pagan dinero.
Yo no soy bonita ni lo quiero ser.
Arriba la barca, una, dos y tres.
(Dann hüpfen die Kinder).

Beim Hinüberfahren mit dem Boot sagte mir der Fährmann, *el barquero:* die hübschen Mädchen bezahlen kein Geld. Doch unsere kleine Schöne antwortet schnippisch: ich bin nicht schön, noch will ich es sein. Lege das Boot an, eins, zwei, drei, und hüpft dann weg.

Wir sind alle schon müde, *todos estamos ya cansados,* und fragen zaghaft, ob es noch eine Sehenswürdigkeit gebe. Ja, wir müssen uns noch das «gotische Viertel» anschauen, denn *el barrio gótico* ist wirklich sehr schön. Das stimmt allerdings, aber dann ist es Schluß.

Wir sind müde und gehen ins Hotel, *vamos al hotel.* Wir verlangen drei Zimmer, *tres habitaciones,* eins mit zwei Betten, *una de dos camas,* mit Bad, *con cuarto de baño,* und zwei Einzelzimmer, *y dos habitaciones individuales.* Übrigens hatte man uns nicht zu viel versprochen, als man rühmte: *los hoteles son baratos* (billig) *y confortables* (das haben Sie erraten).

Der Portier gibt die Schlüssel, *el portero entrega las llaves* (= ljawes), und wir fahren mit dem Lift bis zum 2. Stockwerk hinauf, *y subimos con el ascensor hasta el segundo piso.* Der Liftboy mit der Doppelreihe prächtiger Metallknöpfe trägt mit Recht seine Bezeichnung: *el botones.* So heißt der Liftboy, aber eigentlich sind *botones* Knöpfe. *El botones* sagt uns höflich, *cortesmente:* ruhen Sie gut = *que descansen bien.* Sie ahnen es richtig, dieses *descansen* ist die Möglichkeitsform, da es sich um einen Wunsch, *deseo,* handelt. Und er fügt hinzu: *buenas noches.* Das war nüchtern und höflich, wie es sich Fremden gegenüber geziemt.

Rosamari geht auf den Balkon, *el balcón,* und schaut in die milde südliche Nacht. Weit und breit nichts als Fahrzeuge, und keine Spur von einer Gitarre oder einer Serenade. Wenn man aber ganz genau hinschaut, sieht man auf dem Balkon des gegenüberliegenden Hauses eine junge Spanierin, die ihr Kind im Arm, *en los brazos,* hält und wenn man auch noch genau hinhorchen könnte, so würde man hören, daß sie es in den Schlaf singt.

Sie singt ein altes Wiegenlied, das man ihr schon gesungen hat und vielen anderen, die vor ihr waren, lang bevor, *mucho antes de que,* es zweistöckige Autobusse und große Textilfabriken gab. Wovon ist denn in dem alten Wiegenlied, *en la antigua canción de cuna,* die Rede? Nun, ungefähr kann man es so übersetzen: eia, popeia, mein Christkindlein hat Schlaf. Sei gesegnet! *A la nana, nanita, nanita ea, mi Jesús tiene sueño, bendito sea.*

Wir haben in der 4. Lektion gelernt:

ORDNUNGSZAHLEN:

Primero, segundo, tercero, cuarto, quinto, sexto, séptimo, octavo, noveno, décimo = erster, zweiter, dritter usw. (Bei *primero* und *tercero* fällt das *-o* vor einem Hauptwort weg)

VOM EIGENSCHAFTSWORT:

Solche, die auf *-o* enden, bilden die weibliche Form auf *-a,* Mehrzahl *-os, -as,* z. B.

el vestido rojo	= das rote Kleid	*la flor roja*	= die rote Blume
los vestidos rojos	usw.	*las flores rojas*	usw.

Solche, die auf *-l, -e* enden, haben nur eine Form und bilden die Mehrzahl auf *-es: fácil — fáciles, verde — verdes.*

Steigerung: *fácil — más fácil — el más fácil* oder *facilísimo.*

Präsens von *ir* = gehen: *voy, vas, va, vamos, váis, van.*

WICHTIGSTE NEUE WÖRTER:

el pueblo	Dorf, Volk	*lejos*	weit entfernt
la fábrica	Fabrik	*el barco*	Schiff
la tela de lana	Wollstoff	*anclado, -a*	verankert
el puesto	Platz, Stelle	*el puerto*	Hafen
el animal	Tier	*la palabra*	Wort
originario, -a	stammend	*la barca*	kleines Boot
vivir	leben, wohnen	*pasar*	hinüberfahren

la oveja	Schaf
el suburbio	Vorort
otra vez	nochmals
¿cuánto, -a?	wieviel?
el habitante	Einwohner
la ciudad	Stadt
responder	antworten
el millón	Million
quizá(s)	vielleicht
la calle	Straße
largo, -a	lang
el autobús	Autobus
el piso	Stockwerk
el tranvía	Tram
el auto	Auto
la bicicleta	Fahrrad
ancho, -a	breit
limpio, -a	sauber
la vendedora	Verkäuferin
la flor	Blume
el clavel	Nelke
rojo, -a	rot
la rosa	Rose
amarillo, -a	gelb
la margarita	Margerite
el geranio	Geranium
la rama	Zweig
verde	grün
el verano	Sommer
la violeta	Veilchen
el tulipán	Tulpe
fácil	leicht
la fantasía	Phantasie
preguntar	fragen
el descubridor	Entdecker
no	nicht

dijo	sagte
el barquero	Fährmann
la niña	kleines Mädchen
quiero	ich will, liebe
arribar	anlegen
todos, -as	alle
ya	schon
cansado, -a	müde
el barrio	Stadtviertel
el hotel	Hotel
la habitación	Zimmer
el cuarto de baño	Badezimmer
barato, -a	billig
confortable	komfortabel
el portero	Portier
entregar	aushändigen
la llave	Schlüssel
subir	hinaufsteigen
el ascensor	Lift
hasta	bis
el botones	Liftboy
los botones	Knöpfe
cortesmente	höflich (Adverb)
descansar	ausruhen
el deseo	Wunsch
buenas noches	gute Nacht (ab 18 h)
el balcón	Balkon
el brazo	Arm
antes de que	bevor
antiguo, -a	alt
la canción de cuna	Wiegenlied
tener sueño	Schlaf haben
bendito, -a	gesegnet

En la ruidosa Barcelona no se puede dormir = Im lärmigen Barcelona kann man nicht schlafen. Und schon früh am Morgen werden unsere Hotelgäste von einer «Symphonie» des Lärms geweckt, *son despertados por el ruido.* Der Verkehr, *la circulación,* ist sehr laut; dazu bieten die fahrenden Händler mit höchster Phonstärke ihre Waren, *sus mercancías,* an.

Immer hört man ein schrilles *¡Churros calientes!,* die eine *vendedora ambulante* ausruft. Das sind in Öl gebackene Teigstücke. Diese Speise ist arabischen Ursprungs, und viele Spanier essen sie zum Frühstück.

An einer Hausecke, *en la esquina de una casa,* schreit ein Blinder ununterbrochen: *¡Los iguales para hoy!* und scheint Lose zu verkaufen, *vender.* Jawohl, es sind Blindenlose, die täglich, *todos los días,* ausgelost werden und sehr wenig kosten; so hat die Regierung das Problem, *el problema,* der armen Blinden gelöst und . . . gelost. Aber warum *«los iguales para hoy»?* Die gleichen für heute, gemeint sind «die gleichen Nummern».

Rosamari ist auch wach geworden, *se ha despertado también.* Sie steht auf, *se levanta,* legt das Nachthemd ab – *se quita* (von *quitarse) el camisón* – und geht ins Badezimmer, um ein Bad zu nehmen, *y va al cuarto de baño a bañarse.* Sie öffnet den Warmwasserhahn, *el grifo de agua caliente,* und nimmt ein Bad. Dann trocknet sie sich ab mit einem Tuch, *se seca con una toalla* (= toalja, nur für das Tuch im Badezimmer zu gebrauchen), reinigt sich die Zähne, *se limpia los dientes,* und bedenkt dabei den Ausspruch von Cervantes: *«Más vale un diente que un diamante»* = ein Zahn ist mehr wert als ein Diamant. Dann kämmt sie sich, *luego se peina.*

Unser Mädchen kennt aber nicht nur Cervantes, sie weiß auch sehr wohl, daß sie hier als eine junge Dame angesehen wird. Daher schminkt sie sich leicht Lippen und Augenbrauen, *se pinta los labios y las cejas.* Als sie bereit ist, *cuando está lista,* geht sie in den Speisesaal, um mit ihrer Familie zu frühstücken, *va al comedor para desayunar con su familia.*

En el comedor hay (es gibt) *muchos turistas. El camarero viene* (kommt) *y pregunta: ¿Qué van a desayunar los señores? (ir + a* + Infinitiv drückt die Zukunft aus, also *qué van a desayunar los señores* = Was werden die Herrschaften zum Frühstück nehmen?) *Rosamari responde* (antwortet): *Chocolate a la española* (sehr dickflüssig), *con churros. Pedro quiere saber* (möchte wissen), warum denn *«a la española»*, und bekommt zur Antwort, daß die Spanier den gewöhnlichen Kakao, den sie *«chocolate a la francesa»* nennen oder noch verächtlicher *«lavatripas»* (Kuttelspühlung), nicht gern haben.

Der Vater will alles echt Spanische kennenlernen. So will er unbedingt nach dem Frühstück seine Schuhe, *sus zapatos,* von einem spanischen Schuhputzer putzen lassen. Zwar hat er einmal gehört, daß diese *limpiabotas* beim Putzen mit blitzartiger Fertigkeit die Sohlen abreißen, um neue daraufkleben zu können, *suelas nuevas,* aber seine Furcht ist unbegründet. Für *tres pesetas* (20 Pfennige) bringt der *limpiabotas* die *zapatos* auf Hochglanz. *Papá está tan contento* (so zufrieden) *como un niño con zapatos nuevos* (wie ein Kind mit neuen Schuhen). Nur Pedro ärgert sich, weil, *porque,* sowohl seine Mutter wie auch seine Schwester vor jedem Schaufenster, *el escaparate,* stehen bleiben.

Pero los deseos del padre (aber die Wünsche des Vaters) *no han acabado aún* (sind noch nicht zu Ende). *Ahora desea un periódico alemán* (jetzt möchte er eine deutsche Zeitung) *o un semanario* (Wochenzeitung). Er bekommt dann auch das Gewünschte am *«kiosco».*

Doch bevor er sie nur zu lesen beginnt, hat er einen dringlicheren Einfall. Natürlich, die Überfahrtskarten nach Mallorca, *los pasajes para Mallorca,* denn sie wollen ja am nächsten Tag, *al día siguiente* (das *u* von *siguiente* ist stumm), nach Mallorca fahren. Und sie haben gehört, daß es mit den Karten nicht immer klappt, *no funciona siempre.*

Aber, oh Schreck, *la Compañía Mediterránea* ist überfüllt, *está llena de gente, (la gente* = die Leute). Alle warten in langen Schlangen, *en largas colas,* auf *sus pasajes,* wobei der geneigte

Leser sicher schon gemerkt hat, daß ihr(e) und sein(e) ein und dasselbe Wort ist: *su, sus.* Alle warten geduldig, denn die Spanier haben Zeit, *tienen tiempo,* die Glücklichen! *¡Los felices!* Sie pflegen zu sagen: *«No hace falta correr, sino llegar a tiempo».* (Es ist nicht nötig zu laufen, sondern rechtzeitig anzukommen. – *Llegar* = ankommen).

Dann wird es aber der Mutter doch zu bunt, denn der Wunsch, den ihr würdiger Ehegatte, *esposo,* jetzt äußert, kommt ihr ungeheuerlich vor: er will nämlich unbedingt *«el barrio chino»,* das berüchtigte «Chinesenviertel» sehen.

Zuerst versucht man ihn auszulachen und sagt ihm scherzend, er wolle den verwegenen Jüngling markieren, oder, wie die Spanier sagen, *como dicen los españoles: «Echar una canita al aire»* (ein weißes Haar in die Luft werfen = sich wieder jung fühlen). Dann gibt man ihm zu bedenken, daß es gefährlich, *peligroso,* ist, sich als ahnungsloser Fremder, *extranjero,* dorthin zu begeben.

Man hat schon oft böse Geschichten von den *«carteristas»* (Taschendieben) gehört, die mit einem eleganten Zirkustrick die hintere Hosentasche von naiven Fremden ganz leicht mit einer Rasierklinge, *con una hoja de afeitar,* aufschlitzen und den Gast erleichtern, ohne daß er das geringste spürt. «Dann will ich eben sehen, ob es wirklich so schlimm ist», erwidert unser unverbesserlicher Held, verstaut aber vorsichtig, *prudentemente,* seine Barschaft in seiner Brusttasche, *en el bolsillo interior,* ohne zu wissen, daß dies genauso gefährlich ist.

Lassen wir ihm sein Abenteuer. Offenbar besitzt er eine verborgene romantische Ader. Die Übrigen, *los demás,* aber gehen *la catedral* besichtigen und beschließen, sich alle auf dem berühmten Hügel Tibidabo zu treffen; das ist gewissermaßen der Wiener «Prater» von Barcelona.

Von hier aus hat man *una vista maravillosa* (eine wunderbare Aussicht) über die ganze Stadt, *toda la ciudad.* Hier oben trifft auch der Abenteurer, *el aventurero,* heil und gesund, *sano y salvo,* mit allen seinen Pesetas pünktlich, *puntualmente,* ein.

Wir haben Durst, *tenemos sed,* sagen die Kinder. Und alle möchten ein typisch spanisches Getränk kosten, *probar una bebida tipicamente española;* da haben wir es schon: *Horchata de chufas. Chufas* sind ganz kleine Wurzelknollen, den Erdnüssen ähnlich, *parecidas a los cacahuetes*, das *h* ist stumm, aber viel, viel süßer, *pero mucho más dulces*. Aber aufpassen mit diesem Wort, denn *«dar una chufa»* heißt auch eine Ohrfeige geben.

Vom Tibidabo sind wir jetzt hinuntergestiegen, und kommen in die schönste Stoßzeit hinein. *Los españoles van a comer* (die Spanier gehen essen) und überfluten die *calles*. Was ist das Lustigste? Wahrhaftig, die Verkehrspolizisten, *los agentes de circulación*, haben Sonnenschirme, *quitasoles*. Übrigens muß anerkannt werden, daß sie im allgemeinen sehr höflich, *muy corteses*, sind, besonders mit Damen.

Ja, liebe Leserinnen, *queridas lectoras*, in Spanien liebt man hauptsächlich die Damen. Und der Spanier läßt keine Gelegenheit vorbeigehen, *no deja pasar ninguna ocasión*, ihnen ein *«piropo»* = Kompliment zuzurufen. Er kann förmlich nicht schlafen gehen, ohne wenigstens ein *piropo* gemacht zu haben.

Möchten Sie einige hören, oder vielmehr lesen? *Con una de tus pestañas saltaría yo a la comba* (mit einer deiner Augenwimpern würde ich Seilspringen wollen) oder gar *andas mejor que un Omega* (Du gehst besser als eine Omegauhr). Kommt eine graziös wippende Frau, dann heißt es *¡Así se pisa!* So schreitet man! oder *¡Paso libre, que pasa la Virgen!* Freie Bahn, die Muttergottes geht vorbei! Das junge Mädchen, das jetzt kommt, ist überschlank, daher ruft man ihr zu: *¡Tienes menos carne que una bicicleta!* (Du hast weniger Fleisch als ein Fahrrad!). Mit dieser Auswahl einheimischer Komplimente möchten wie Ihnen fürs nächste Mal ein Stelldichein geben. Wir werden Sie in ein Nachtlokal, *sala de fiestas*, führen.

Wir haben in der 5. Lektion gelernt:

REGELMÄSSIGE VERBEN AUF *-er:*	UNREGELMÄSSIGE VERBEN:	
z. B. *vender* = verkaufen	*querer* = wünschen, wollen, lieben	*decir* = sagen
vend-o	*quier-o*	*digo*
-es	*-es*	*dices*
-e	*-e*	*dice*
-emos	*quer -emos*	*decimos*
-éis	*-éis*	*decís*
-en	*quier-en*	*dicen*

Zusammengesetzte Vergangenheit = *Pretérito perfecto actual*
Alle Verben werden mit dem Hilfsverb *haber* konjugiert, z. B.:

ich *habe* geliebt usw.:		ich *bin* gekommen usw.:	
he	*querido*	*he*	*venido*
has	*querido*	*has*	*venido*
ha	*querido*	*ha*	*venido*
hemos	*querido*	*hemos*	*venido*
habéis	*querido*	*habéis*	*venido*
han	*querido*	*han*	*venido*

WICHTIGSTE NEUE WÖRTER:

el ruido	Lärm	*no . . . aún*	noch nicht
ruidoso, -a	lärmig	*ahora*	jetzt
se puede	man kann	*el periódico*	Zeitung
dormir	schlafen	*el pasaje*	Überfahrt-(skarte)
despertar	wecken		
por	durch	*siguiente*	folgend
la circulación	Verkehr	*siempre*	immer
caliente	warm, heiß	*lleno, -a*	voll
la esquina	Ecke	*la gente*	Leute
igual	gleich	*el tiempo*	Zeit
hoy	heute	*feliz (pl. -ces)*	glücklich
el día	Tag	*hace falta*	es ist nötig
vender	verkaufen	*correr*	laufen
también	auch	*sino*	sondern
levantarse	aufstehen	*llegar*	ankommen
el camisón	Nachthemd	*echar*	werfen
bañarse	baden	*el aire*	Luft
el grifo	Wasserhahn	*peligroso, -a*	gefährlich
el agua (weibl.)	Wasser	*extranjero, -a*	fremd, ausländisch
secarse	sich trocknen		
la toalla	Badetuch	*la hoja de*	Rasierklinge

limpiar	reinigen	*afeitar*	
el diente	Zahn	*prudentemente*	vorsichtig (Adv.)
valer	wert sein	*el bolsillo*	Tasche, Geldbeutel
luego	hernach, dann		
peinarse	sich kämmen	*interior*	inner
pintar	malen, anmalen	*los demás*	die Übrigen
los labios	Lippen	*la vista*	Aussicht
listo, -a	bereit	*maravilloso, -a*	wunderbar
cuando	wenn, als	*puntualmente*	pünktlich (Adv.)
el comedor	Eßzimmer	*tener sed*	Durst haben
desayunar	frühstücken	*probar*	kosten, probieren
el zapato	Schuh		
el limpiabotas	Schuhputzer	*la bebida*	Getränk
la suela	Sohle	*dulce*	süß
nuevo, -a	neu	*parecido, -a*	ähnlich
contento, -a	zufrieden	*el agente de circulación*	Verkehrspolizist
porque	weil		
el escaparate	Schaufenster	*ninguno, -a*	kein
pero	aber	*dejar*	lassen
acabar	beendigen	*la ocasión*	Gelegenheit

¡Señoras y Señores, buenos días! Wir haben Ihnen ein Nachtlokal versprochen, aber der Weg dorthin ist sehr lang. Und da dürfen wir ruhig ein wenig das bisher Gelernte repetieren, nur das Allerwesentlichste, und zwar übersetzen Sie zunächst zehn einfache Sätzlein, deren spanische Fassung Sie am Schluß dieser Lektion finden.

Kontrollieren Sie also, ob Sie's ohne Hilfe richtig gemacht haben. Lesen Sie die Sätze auch laut und schön *«hilado»*. In der Lösung geben wir, indem wir die betonte Silbe gesperrt drucken, die richtige Betonung an, obschon die spanischen Betonungsregeln ja sehr klar sind und die ganze Sache keine Hexerei ist.

Faustregeln für die Betonung: auf der *letzten* Silbe betont sind Wörter, die auf Konsonanten enden. Ausnahme: die Endungen auf *-n* und *-s*.

Die meisten anderen Wörter haben den Ton auf der zweitletzten Silbe oder auf der mit einem Akzent als Betonungszeichen versehenen.

Dann erinnern wir Sie noch, daß man ein Wort wie *quiere* als kiére spricht, daß man also vom *u* bei *qu* vor *e* oder *i* nichts hören darf (dasselbe gilt übrigens auch bei *gu* vor *e* oder *i*) und daß *j* immer wie deutsches ch in «ach» klingt. Nun unsere Sätze. Viel Glück!

1. Das Fräulein ist blond.
2. Wir sprechen spanisch.
3. Der Vater und die Mutter trinken Rotwein.
4. Ich habe zwei Hüte.
5. Wir haben Geld.
6. Die kleinen Mädchen schauen dem Spiel der Knaben zu.
7. Heute (= diesen) Morgen ist der Doktor gekommen.
8. Heute frühstückt ihr im Eßzimmer.
9. Rosamari schminkt (= malt) sich die Augenbrauen und die

Lippen.

10. Der Ausländer hat die Speisekarte und die neuen Zeitungen.

Und jetzt versuchen wir zusammen, alles, was wir schon können, anzuwenden.

Fangen wir damit an, auf spanisch zu grüßen: morgens, nachmittags und abends. Zuerst eine junge Dame: *buenos días, señorita.* Dann einen Herrn: *buenas tardes, caballero.* Dann mehrere Damen und Herren: *buenas noches, señoras y señores.* Wenn man auseinandergeht, hat man die Wahl zwischen simplem *adiós,* umgangssprachlichem *hasta pronto* (in der Hoffnung, daß man sich bald wiedersieht) und etwas steiferem *hasta la vista.* Denken wir daran, daß das *h* von *hasta* stumm ist.

Dann setzen wir uns in ein *restaurante* und verlangen die *lista de platos* oder auch das *menú.* Die Reihenfolge einer spanischen Mahlzeit ist Ihnen bekannt: man beginnt mit *entremeses* (hors d'œuvre). Gemüse ist *verdura,* Fisch ist *pescado,* Fleisch ist *la carne* und das Dessert heißt *los postres.*

Der Kellner heißt *camarero* und wird durch Händeklatschen herbeigerufen. Vor allen Dingen vergessen wir im Weinland Spanien nicht, daß der Rotwein als *vino tinto* und nicht etwa als *vino rojo* bezeichnet wird, während man den Weißwein, wie zu erwarten war, *vino blanco* nennt.

Wenn man um etwas bittet, sagt man *por favor* (auf der Endsilbe betonen!) und, wenn man sich bedankt, *gracias* (auf dem ersten *a* betonen) oder *muchas gracias.* Bei dieser Gelegenheit merken wir uns erneut, daß die spanische Buchstabenkombination *ch* etwa wie deutsches tsch ausgesprochen wird.

Den Besitz anzuzeigen ist im Spanischen ziemlich einfach, aber wir üben dennoch die *pronombres posesivos* ein bißchen, indem wir in Gedanken den Tisch decken: *mi tenedor* = meine Gabel, *tu cuchara* = dein Löffel, *su cuchillo* = sein (ihr) Messer, in der Mehrzahl: *mis tenedores, tus cucharas, sus cuchillos; nuestros platos* = unsere Teller, *vuestras tazas* = eure Tassen.

Wir haben gesehen, daß das Zeitwort «haben» im Sinn von «besitzen» immer *tener* lautet. *Haber* spielt im Spanischen nur die schäbige Rolle eines sogenannten Hilfsverbs, kann also nicht selbständig auftreten. Dafür braucht man es aber zur Bildung der Vergangenheitsform «ich habe, du hast usw. bezahlt» = *he pagado, has pagado* ... und auch, wenn es im Deutschen «ich **bin** gekommen» lautet, also *he venido, has venido* usw. Dies vereinfacht die Geschichte ganz gewaltig, denn man muß sich nie fragen – wie das im Deutschen oder Französischen der Fall ist –, ob ein Zeitwort «sein» oder «haben» verlangt. Beispielsatz für *«tener»* und *«haber»: Hemos comprado un periódico, ahora tenemos un periódico* = Wir haben eine Zeitung gekauft, jetzt haben (= besitzen) wir eine Zeitung.

Schalten wir nun eine Verschnaufpause ein und begeben uns ins Hotel. Dieses heißt genau wie im Deutschen, nämlich *el hotel* (Mehrzahl *los hoteles)*, nur daß man vom *h* im Spanischen nichts hören darf.

Also: *vamos al hotel,* und auf dem Weg repetieren wir das wichtige Zeitwort «gehen» = *ir:* ich gehe, du gehst usw. = *voy, vas, va, vamos, váis, van.* Dort wünschen Sie ein Einzelzimmer = *Allí*

usted (in der Schrift immer abgekürzt als *Vd.*) *quiere una habitación individual*, zwei Einzelzimmer = *dos habitaciónes individuales*. Wenn das Zimmer mehr Betten hat, dann sagt man *una habitación de dos, tres* usw. *camas; la cama* ist das Bett.

Da wir reinliche Leute sind, möchten wir auch ein Badezimmer = *un cuarto de baño*. Das gewünschte Zimmer befindet sich beispielsweise im 4. Stock = *en el cuarto piso*. Selbstverständlich fahren wir mit dem Lift hinauf = *subimos con el ascensor* (letzte Silbe betonen!) *hasta el cuarto piso*. Bei dieser Gelegenheit konjugieren wir das Zeitwort *subir* «hinaufsteigen, -fahren»: *subo, subes, sube, subimos* (vorletzte Silbe betonen), *subís* (letzte Silbe betonen, wie der Akzent es befiehlt), *suben*. Und dabei vergegenwärtigen wir uns einmal mehr, daß es im Spanischen nicht nötig ist, ausdrücklich «ich, du, er...» usw. zu sagen: die bloße Verbalform genügt in der Regel und ist klar genug.

Ausgeruht, wie wir dann sind, wenden wir uns wieder einem etwas dürren, aber doch hochwichtigen Problem zu und merken uns die eiserne Regel: das Eigenschaftswort richtet sich nach dem Hauptwort, was in der Praxis also folgendermaßen aussieht:

	Mehrzahl:
la niña bonita	*las niñas bonitas*
el clavel rojo	*los claveles rojos*

Die «roten Nelken» schenken wir den «hübschen Mädchen»!

la rama verde	*las ramas verdes*
der grüne Zweig	
la palabra fácil	*las palabras fáciles*
das leichte Wort	
el verano caliente	*los veranos calientes*
der heiße Sommer	

Daraufhin gehen wir etwas spazieren. Die Straße heißt *la calle* (wir sprechen aus kalje, ja fast kaje), die Schaufenster sind *los escaparates*. An einem Kiosk (*el kiosco*, ein internationales Wort) kaufen wir z. B. eine Wochenzeitung = *compramos un semanario*.

Diejenigen unserer Leserinnen und Leser, die bereits Französisch oder Italienisch oder beides beherrschen, werden im Laufe der ersten fünf Lektionen gemerkt haben, daß bei sehr vielen Begriffen das spanische Wort mit dem der genannten Sprachen mehr oder weniger übereinstimmt, bei manchen jedoch ganz und gar nicht.

Und da besteht die große Gefahr, daß man das Wort, das einem aus dem Französischen oder Italienischen geläufig ist, keck und munter ins Spanische überträgt. Die armen Spanier, die uns zu-

compramos un semanario

hören, haben dann meist keine Ahnung, wovon wir reden und was wir meinen, oder dann gibt es unter Umständen pikante Mißverständnisse.

Das bekannteste dieser Mißverständnisse liefert das Wort *burro*, das im Italienischen die Butter (französisch: «beurre»), im Spanischen aber den Esel bezeichnet. Für so sprachgewandte Leserinnen und Leser geben wir von dem Wortschatz, den wir uns bisher angeeignet haben, eine kleine Liste von wichtigen Wörtern, bei denen das Spanische seine eigenen Wege geht:

hablar	sprechen	*la mañana*	Morgen
comer	essen	*la calle*	Straße
preguntar	fragen	*el zapato*	Schuh
despertar	wecken	*el verano*	Sommer
dejar	lassen	*cansado, -a*	müde
el sombrero	Hut	*caliente*	warm, heiß
limpio, -a	sauber	*también*	auch
la cama	Bett	*luego*	dann
el tenedor	Gabel		

Nachdem wir Ihnen so viele Wörter in Erinnerung gerufen haben, legen wir Ihnen ein spanisches Sprichwort ans Herz: *A palabras necias, oídos sordos,* was frei übersetzt ungefähr lautet: dummen Worten soll man taube Ohren entgegensetzen. Für die oben genannten *palabras* bitten wir Sie jedoch, keine *oídos sordos* zu haben! Im Spanischen hört man mit den *oídos;* die *orejas* sind die Ohrmuscheln.

Jetzt haben wir so fleißig gearbeitet und repetiert, daß wir uns den versprochenen Besuch in einem Nachtlokal redlich verdient haben. Heute führen wir Sie nur bis vor die Türe. Das nächste Mal treffen wir uns drinnen wieder. *¡Hasta pronto!*

ÜBERSETZUNG DER ÜBUNGSSÄTZE:

(Betonung auf der gesperrt gesetzten Silbe!)

1. *La señor i ta es r u bia.*
2. *Habl a mos españ o l.*
3. *El p a dre y la m a dre b e ben v i no t i nto.*
4. *T e ngo dos sombr e ros.*

5. *Tenemos dinero.*
6. *Las chicas están mirando el juego de los muchachos.*
7. *Esta mañana ha venido el doctor.*
8. *Hoy desayunáis en el comedor.*
9. *Rosamari se pinta las cejas y los labios.*
10. *El extranjero tiene la lista de platos y los periódicos nuevos.*

7. LEKTION

Es de noche (wörtlich = von nun an ist es Nacht, und das sagt man schon, wenn es beginnt, dunkel zu werden). *Ya hemos cenado (cenar* = zu Abend essen), und jetzt gehen wir in das lang versprochene Nachtlokal, das spanisch *sala de fiestas* oder ganz einfach *cabaret* heißt.

Aber es muß *un cabaret típico* sein. Die Eintrittskarten sind nicht teuer, konstatiert unsere Familie: *las entradas no son caras. Nuestra familia se sienta* (setzt sich) *en una mesa* (an einen Tisch) *y pide* (bestellt) *una botella de vino español, con las tapas, naturalmente,* eine Flasche spanischen Weins und natürlich mit den sogenannten *«tapas»*. Das sind verschiedene Tellerchen, welche mit Oliven, Salzmandeln, Sardellen, gebackenen Tintenfischen usw. gefüllt sind: *aceitunas rellenas* (gefüllte Oliven), *almendras saladas* (gesalzene Mandeln), *calamares fritos* (gebackene Tintenfische) und *anchoas* (Sardellen). Meistens sind die *«tapas»* im Preis des Weins inbegriffen.

Und wenn wir jetzt richtig hinhorchen, hören wir auch schon die *castañuelas* (Kastagnetten) klappern. Die alten Zigeuner, *los gitanos viejos,* stimmen ihre Gitarren, *afinan sus guitarras,* das *u* ist stumm. (Sie erinnern sich: in *gu-* und *qu-* vor *-e-* und *-i-!*).

Andere, jüngere Zigeuner, *otros gitanos más jóvenes,* beginnen in die Hände zu klatschen, *empiezan a dar palmadas,* nach einem bestimmten Rhythmus. Jetzt tritt die *gitana* in den Vordergrund mit einem herrlichen *vestido de volantes* (Volants-Kleid) und befestigt die Kastagnetten an ihren Daumen. *Los guitarristas* (die Gitarrenspieler) spielen ein andalusisches Lied, *tocan una canción andaluza.*

Am Anfang kommt uns die Musik arabisch vor, *al principio la música nos parece árabe,* aber nur solange die Zigeunerin singt, *pero sólo mientras canta la gitana.* Die akustische Wirkung wird sofort anders, *el efecto acústico es diferente,* als eine Gruppe junger

Zigeuner die «*sevillanas*» tanzt. Da ist «echtes» *temperamento* zu sehen. Die Tänzerinnen, *las bailarinas*, schweben geradezu in der Luft.

Dazu singen *los gitanos: Arenal de Sevilla y olé (arenal* ist eine Sandfläche, ein Stadtviertel), *Torre del Oro* (und wiederholen es zweimal). Diese Torre del Oro ist kein goldener Turm, sondern die Goldbörse, weil alle Schiffe, die aus Amerika kamen, dort ausladen mußten. Dann geht das Lied weiter: *donde las sevillanas* (wo die Sevillanerinnen. – Viermal wiederholt) – *mamita y olé* (Mütterchen und olé) – *juegan al corro* (Ringelreihen tanzen).

Das Publikum applaudiert, *el público aplaude.* Ab und zu hört man auch recht derbe Bemerkungen, denn der Spanier kennt in dieser Beziehung keine Hemmungen, und man scheut sich nicht davor, einer zu dicken oder zu alten Zigeunerin, *una gitana demasiado gorda o demasiado vieja,* sein Mißfallen entgegenzuschleudern.

Aber auch *la gitana* läßt sich nichts gefallen. Und wenn ihr etwas an den Bemerkungen mißfällt, so hat sie schnell *un clavel* aus ihrem Haar, *de su pelo,* gerissen und dem unhöflichen Gast ins Gesicht, *en la cara,* geschmissen. Und welch stolze Herablassung liegt in dieser Geste!

Nun kommt aber ein bildhübscher junger *gitano.* Sein Anzug, *su traje,* ist eines Museums würdig, *digno de un museo,* eine wahre Kostbarkeit. Enge Hosen, *pantalones estrechos,* und ein kurzes

Jöppchen, *y una chaqueta corta*. Das Ganze mit Goldborten bestickt. Es ist *el gitano señorito*, das Zigeunerherrchen. So ein *gitano señorito* verachtet jegliche manuelle Arbeit, er ist nur schön und singt.

Jetzt beginnt er ein Lied zu singen, *ahora empieza a cantar una canción*, und diesmal kommt es uns nicht nur arabisch vor, sondern ist es auch. Er singt immer ganz traurige Sachen, *cosas tristes*, z. B. *el día de su entierro* (der Tag ihres Begräbnisses) usw. Er spricht auch, *habla también*, von Dolchstößen, *de puñaladas*. Das Ganze ist eine einzige *«serie de desdichas»* (von Verhängnissen).

Das Interessante an seinem Gesang sind modulierte und tremolierte aaaa-Laute, die ganz besonders beim *«flamenco»* gesungen werden. Als er geendet hat, *cuando ha terminado, nos aclara* (erklärt uns) ein Spanier, der neben uns sitzt, daß der Sänger beinahe, *casi*, gestorben wäre vor großem Kummer.

Es ist spät geworden, *se ha hecho tarde*, und wir wollen ins Hotel zurückkehren, *queremos volver al hotel*. Es ist warm, *hace calor. Los españoles respiran* (atmen) *la brisa mediterránea* (die leichte Brise, die vom Mittelmeer kommt), *sentados* (sitzend) *en una cafetería* (Kaffeehaus). *No importa* (es macht nichts), *que sea tan tarde* (daß es so spät ist).

No importa: merken Sie sich bitte diesen Ausdruck, denn Sie werden ihn nicht nur häufig, *con frecuencia*, hören, sondern am besten ihn sich auch angewöhnen müssen.

Also, es macht nichts, daß es so spät ist, denn die *teatros y cines españoles* schließen ihre Tore, *cierran sus puertas,* erst um 1 Uhr in der Frühe, *a la una de la mañana. Y naturalmente los españoles tienen que* (*tener* + *que* = müssen) *ir a beber algo* (etwas trinken gehen) *antes de marcharse a dormir* (bevor sie schlafen gehen).

Rosamari ist ganz schockiert über diese Sitten, *de estas costumbres.* Sie schaut, *mira,* auf ihre Uhr, *su reloj* (sprich: reló); es ist genau halb zwei, natürlich, wie in allen romanischen Sprachen, *la una y media* (eineinhalb). *Sin embargo* (trotzdem), *las calles están llenas* (sind die Straßen überfüllt).

Wann schlafen denn die Spanier? *¿Cuándo duermen los españoles? pregunta Pedrito.* Nicht so viel wie wir glauben, *no tanto como creemos nosotros.* Denn wohl geht der Spanier spät ins Bett,

steht aber relativ früh auf; so beginnen die Fabriken, jene *fábricas textiles,* die wir gesehen haben, doch um sieben in der Früh, *a las siete de la mañana,* zu arbeiten, *a trabajar.*

Und die Frühaufsteher, *y los madrugadores,* haben ein trostreiches Sprichwort: «*A quien* (sprich: ki é n) *madruga Dios le ayuda*» (dem, der früh aufsteht, hilft Gott). *Y nuestra familia tiene que madrugar para tomar el barco para Mallorca* (und unsere Familie muß früh aufstehen, um das Schiff nach Mallorca zu nehmen).

Zum Glück, *por suerte,* ist es morgen nicht Dienstag, seufzt die Mutter, denn sie hat sich das Sprichwort gemerkt, das ihr der spanische Tischnachbar scherzend aufsagte: «*Martes: ni te cases ni te embarques*» (Am Dienstag sollst Du weder heiraten, noch dich einschiffen, wobei dieses «*embarques*» auch den Sinn von «etwas unternehmen» haben kann.).

In diesem Sinne, liebe Leser, können wir Ihnen nur gratulieren, *sólo podemos felicitarles,* wenn Sie diesen Kurs nicht an einem Dienstag begonnen haben. Bei diesen Worten fällt uns aber auch ein, daß wir eine Lücke auszufüllen haben und endlich sämtliche Wochentage lernen wollen, und weil wir schon dabei sind, auch noch die Namen der Monate.

Los días de la semana	*Los meses del año*	
Die Wochentage	Die Monate des Jahres	
lunes	*enero*	*julio*
martes	*febrero*	*agosto*
miércoles	*marzo*	*se[p]tiembre*
jueves	*abril*	*octubre*
viernes	*mayo*	*noviembre*
sábado	*junio*	*diciembre*
domingo		

Hasta la próxima vez nos despedimos de Vds. (= ustedes) con cordiales saludos.

Wir haben in der 7. Lektion gelernt:

In zahlreichen Verben wandelt sich das *e* des Stammes zu *ie*, wenn dieser betont ist z. B.:

sentarse = sich setzen	*cerrar* = schließen	*empezar* = anfangen
me s*ie*nt-o	c*ie*rr-o	emp*ie*z-o
te s*ie*nt-as	c*ie*rr-as	emp*ie*z-as
se s*ie*nt-a	c*ie*rr-a	emp*ie*z-a
nos sentamos	cerramos	empezamos
os s*ie*nt-as	cerráis	empezáis
se s*ie*nt-an	c*ie*rr-an	emp*ie*z-an

Ähnlich verhalten sich Verben mit *o* im Stamm, das zu *ue* werden kann:

dormir = schlafen	*poder* = können	Ganz unregelmäßig ist *pedir* = bitten, verlangen
d*ue*rm-o	p*ue*d-o	pid-o
d*ue*rm-es	p*ue*d-es	pid-es
d*ue*rm-e	p*ue*d-e	pid-e
dormimos	podemos	pedimos
dormís	podéis	pedís
d*ue*rm-en	p*ue*d-en	pid-en

WICHTIGSTE NEUE WÖRTER:

cenar	zu Abend essen	*terminar*	enden
la entrada	Eintritt(skarte)	*aclarar*	erläutern
caro, -a	teuer	*casi*	beinahe
la mesa	Tisch	*hacer*	machen
la botella	Flasche	*hecho*	gemacht
el calamar	Tintenfisch	*tarde*	spät
relleno, -a	gefüllt	*volver*	zurückkehren
salado, -a	gesalzen	*respirar*	atmen
frito, -a	gebacken	*no importa*	es macht nichts
viejo, -a	alt	*tan*	so (sehr)
joven	jung	*el cine*	Kino
el principio	Anfang	*la puerta*	Tür
la música	Musik	*tener que*	müssen
parecer	scheinen	*mirar*	schauen
mientras	während	*el reloj*	Uhr
cantar	singen	(spricht: «reló»)	
el efecto	Wirkung	*sin embargo*	trotzdem
diferente	verschieden	*creer*	glauben
donde	wo	*trabajar*	arbeiten

demasiado	zu sehr, übermäßig
gordo, -a	dick, beleibt
la cara	Gesicht
el traje	Kleid, Anzug
los pantalones	Hosen
estrecho, -a	eng
la chaqueta	Jacke
empezar	beginnen, anfangen
corto, -a	kurz
la cosa	Sache, Ding
triste	traurig
madrugar	früh aufstehen
ayudar	helfen
quien	wer
tomar	nehmen
casarse	heiraten
embarcarse	sich einschiffen
felicitar	beglückwünschen
el mes	Monat
próximo, -a	nächst
despedirse	sich verabschieden
cordial	herzlich

Nuestra familia está ya en el puerto. Ha madrugado y espera (heißt hier warten, doch kann es auch «hoffen» bedeuten) *el despacho de aduana* (auf die Zollabfertigung).

Die Mutter fragt bestürzt: warum denn noch einmal Zoll? *¿Por qué otra vez la aduana?* «Meine Liebe» antwortet der Vater, *responde el padre,* der die Verhältnisse schon ganz gut zu kennen scheint, «Mallorca hat viele Küsten, *Mallorca tiene muchas costas,* und diese Küsten werden sehr gerne von *contrabandistas* (Schmugglern) besucht.

Wie böse Zungen behaupten, *como afirman malas lenguas,* soll im ersten Weltkrieg, *en la primera guerra mundial,* jemand Multimillionär geworden sein, weil er die strategischen Vorteile Mallorcas sehr gut kannte! Die spanischen Behörden, *las autoridades españolas,* wissen ganz genau, daß z. B. viele *cigarrillos americanos* von der Sonneninsel, *la isla del sol,* Mallorca ins Festland dringen. Daher diese erneute Zollkontrolle.»

Hier ist unser Schiff, groß und komfortabel, *aquí está nuestro barco, grande y confortable. Dejamos Barcelona* (wie verlassen B.) *y viajamos* (reisen, fahren) *en dirección* (Richtung) *a Mallorca.*

¿Cuánto dura la travesía (Überfahrt)? *pregunta Pedrito. «Ocho horas.» Almorzamos en el barco y por la tarde* (am Nachmittag) *llegamos* (kommen wir an) *a Palma de Mallorca.*

Welch herrlicher Anblick! *¡Qué vista tan* (so) *maravillosa!* Zunächst sehen wir ringsum die modernsten Hotels, die man sich vorstellen kann, *en torno nuestro vemos los hoteles más modernos que uno* (= einer) *puede imaginarse.*

Rechts die imposante Kathedrale, *a la derecha la imponente catedral,* links, *a la izquierda,* auf einem Berg, *sobre un monte, el castillo de Bellver* (Belverschloß).

Eine spanische Mitreisende erzählt uns, daß es zuletzt vom berühmten Dichter, *el célebre poeta,* Ruben Darío aus Nicaragua, bewohnt wurde, und daß dieser Dichter vielleicht der beste Dichter spanischer Zunge, *de lengua española,* der letzten sechzig Jahre ist, *de los últimos sesenta años.*

Was hat er denn geschrieben? *¿Qué ha escrito él?* erkundigt sich, *se informa,* Rosamari.

Nun kommt unsere neue Freundin in Schwung: viele, viele schöne Gedichte. Die bekanntesten, *las más conocidas,* aber sind *«A Margarita»* und *«Los motivos del lobo»* (die Beweggründe des Wolfes). Sollte denn damit der berühmte Wolf von Gubbio gemeint sein, mit dem Franz von Assisi einen Nichtangriffspakt abgeschlossen hatte, so daß der Grimmige versprach, nie mehr Schafe zu reißen, wenn die Bewohner ihm dafür zu essen gäben, solange er noch lebte?

Aber schon beginnt unsere poetische Dame: *«El varón que tiene corazón de lis . . .»* (der Mann, der ein Lilienherz besitzt . . .). Und ihm wird der böse Wolf dramatisch gegenübergestellt: *«Un rudo y torvo animal»* (ein rauhes und fürchterliches Tier), *«las fauces de furia . . .»* (mit wütendem Schlund), *«los ojos de mal . . .»* (und bösen Augen).

Endlich hat ihn der Heilige so weit gebracht; aber kaum muß er einmal die Gegend, *la región,* verlassen, geben die Leute dem Wolf nichts mehr zu fressen, worauf das Tier noch böser wird.

Als Franz wiederkehrt, stellt er ihn zur Rede, und wie der Wolf ihm das schäbige Verhalten der Menschen, *de los hombres,* schildert, gibt er ihm die Freiheit, *le da la libertad,* und beginnt traurig für die bösen Mitmenschen zu beten.

Diese Version der Geschichte ist uns neu, aber wir haben alles verstanden, *pero hemos entendido todo,* und sie kommt uns gar nicht spanisch vor!

Das Schiff ist angekommen, eine Unmenge Leute, *un gentío,* warten im Hafen, *espera en el puerto.* Hoffentlich wartet auch *el señor Juan Pérez* auf uns. Wer ist der Herr? *¿Quién es este señor? pregunta Pedrito.*

El propietario de la casa que hemos alquilado (der Besitzer des Hauses, das wir gemietet haben), bekommt er als Antwort, *obtiene por respuesta.* Wie erkennen wir ihn? *¿Cómo le reconocemos?*

Nun erwidert die Mutter etwas ungeduldig, *ahora* (= jetzt) *contesta la madre algo impaciente:* Er war doch in Deutschland! *¡El ha estado en Alemania! Nos visitó el año pasado* (er besuchte uns letztes Jahr).

Und tatsächlich, dort ist er, *efectivamente allí está él.* Er winkt uns mit seinem Taschentuch, *con su pañuelo,* zu.

Das Schiff legt an, *el barco arriba y es anclado* (und wird verankert). *El puente* (die Landungsbrücke) wird hinuntergelassen und *los pasajeros bajan a tierra* (die Passagiere gehen an Land).

Welch ein Geschrei! *¡Qué griterío! Los maleteros* (Gepäckträger) rufen uns zu: *caballero, ¿un hotel?* Wir bedanken uns, *les damos las gracias,* aber wir brauchen kein Hotel, *pero no necesitamos ningún hotel,* (der geneigte Leser möge die doppelte Verneinung beachten und nicht mehr vergessen, denn er *necesita* sie immer wieder!).

Wir brauchen wirklich kein Hotel, *en verdad no necesitamos ningún hotel,* denn wozu, *para qué,* ist sonst unser Juan Pérez da. Schon kommt er uns entgegen, *viene a nuestro encuentro y nos saluda efusivamente,* nach spanischer Art, das heißt, er wirft sich freudebrüllend auf uns und beklopft uns heftig.

Obschon etwas mitgenommen von dieser handgreiflichen Begrüßung, entkommen wir ihm endlich doch mit heilen Knochen. Sein Wagen steht auch da, aber wir können noch nicht losfahren, denn der unsrige, *el nuestro,* ist noch nicht ausgeladen.

Gott sei Dank, *gracias a Dios,* brauchen wir uns wenigstens nicht um einen *maletero* zu schlagen, denn unsere Koffer, *nuestras maletas,* sind im Auto drin, *están dentro del auto.*

Endlich ist es soweit: wir steigen ein, *subimos al coche* (= Wagen), *y seguimos al del señor Pérez* (und folgen demjenigen von Herrn Pérez). Wir fahren Richtung El Arenal, *un pueblecito de pescadores* (einem kleinen Fischerdorf) *a doce kilómetros de Palma* (12 Kilometer von Palma entfernt) *siempre a lo largo de una deliciosa playa de arena* (immer einem herrlichen Sandstrand entlang, denn *arena* heißt Sand).

Mitten in der Bucht, *en el centro de la bahía,* steht unser Haus, *está nuestra casa,* weiß wie Schnee, *blanca como la nieve,* einladend, und direkt am Strand, *en la playa,* mit einem Garten voller

Palmen, *con un jardín lleno de palmeras.*

Wir sind endlich angekommen! *¡Por fin hemos llegado! El señor Juan Pérez nos dice muy ceremonioso* (würdevoll): *¡Bien venidos en esta su casa!* Willkommen in diesem Ihrem Hause! Dieses *en esta su casa* stimmt hier, aber auch sonst wird diese höfliche Floskel angewandt, und wie gefährlich sie sein kann, haben neulich zwei Fremde bewiesen, welche annahmen, sie könnten über das Haus ihrer spanischen Freunde verfügen, *disponer de la casa de sus amigos españoles,* alles verkauften, sich zwei Roller anschafften und eines schönen Tages vor «ihrem» spanischen Haus standen, zur Bestürzung ihrer höflichen Freunde, die nun das peinliche Mißverständnis aufklären mußten.

Wie es weiterging? Nun, ziemlich nüchtern, *«las autoridades españolas»* veranlaßten die Rückfahrt, das weitere entzieht sich unserer Kenntnis.

Wer steht aber noch vor dem weißen Haus? Ein bildhübsches spanisches Dienstmädchen, *la criada.* Auch es heißt uns willkommen, *también ella nos da la bienvenida,* sagt aber vorsichtigerweise «nur»: *«Bien venidos a esta casa».* Aber wie sie lächelt! So muß die Frau gelächelt haben, die den *poeta Gustavo Adolfo Bécquer* zu den Zeilen inspirierte:

Por una mirada, un mundo;
Für einen Blick eine Welt,
por una sonrisa, un cielo;
für ein Lächeln einen Himmel,
por un beso . . ., ¡yo no sé
für einen Kuß . . . Ich weiß nicht,
qué te diera por un beso!
was ich Dir für einen Kuß gäbe!

Wir überlassen unsere Familie diesem himmlischen Lächeln und diesem lachenden Himmel *hasta la próxima vez.*

Wir haben in der 8. Lektion gelernt:

PRÄSENS von

dar = geben		*ver* = sehen	
doy	ich gebe	*veo*	ich sehe

das	du gibst	*ves*	du siehst
da	er, sie, es gibt	*ve*	er, sie, es sieht
damos	wir geben	*vemos*	wir sehen
dais	ihr gebt	*veis*	ihr seht
dan	sie geben	*ven*	sie sehen

Das Partizip der Vergangenheit — das heißt also Formen wie «gesungen», «gekannt», «geschlafen» — ist im Spanischen leicht zu bilden. Merken Sie sich für jede der drei Verb-Klassen (auf *-ar*, *-er* und *-ir*) die folgenden Muster — sie gelten für alle regelmäßigen Verben:

auf -ar = *-ado*	auf -er = *-ido*	auf -ir = *-ido*
cantado = gesungen	*conocido* = gekannt	*dormido* = geschlafen

ZAHLEN VON 21—100:

veintiuno, veintidós, veintitrés, veinticuatro usw. — *treinta*, von 31 an werden die Zahlen in 3 Wörtern geschrieben: *treinta y uno* usw.

cuarenta, cincuenta, sesenta, setenta, ochenta, noventa, cien, ciento uno usw.

WICHTIGSTE NEUE WÖRTER:

esperar	warten, hoffen	*reconocer*	erkennen
el despacho	Abfertigung	*visitar*	besuchen
la costa	Küste	*efectivamente*	tatsächlich (Adv.)
malo, -a	böse	*allí*	dort
la lengua	Zunge, Sprache	*el pañuelo*	Taschentuch
afirmar	behaupten	*el puente*	Brücke
las autoridades	Behörden	*el pasajero*	Passagier
el cigarrillo	Zigarette	*bajar a tierra*	an Land gehen
la isla	Insel	*bajar*	hinuntergehen
viajar	reisen	*dar las gracias*	danken
la travesía	Überfahrt	*necesitar*	benötigen, brauchen
en dirección a	in Richtung von		
almorzar (ue)	zu Mittag essen	*en verdad*	wirklich
por la tarde	am Nachmittag	*saludar*	grüßen
en torno nuestro	um uns herum	*la maleta*	Koffer
a la derecha	rechts	*dentro de*	drinnen
a la izquierda	links	*el coche*	Wagen
sobre	auf, über	*seguir*	folgen
el monte	Berg	*el pescador*	Fischer
el castillo	Schloß	*a lo largo de*	entlang
célebre	berühmt	*la playa*	Strand
último, -a	letzt	*la arena*	Sand
escrito, -a	geschrieben	*el centro*	Zentrum, Mitte
informarse	sich erkundigen	*la bahía*	Bucht

conocido, -a	bekannt, gekannt
la región	Gegend
el hombre	Mensch, Mann
la libertad	Freiheit
entender	verstehen
el gentío	Menschenmenge
el propietario	Besitzer
alquilar	mieten
obtener	erhalten
la respuesta	Antwort
la nieve	Schnee
el jardín	Garten
la palmera	Palme
por fin	endlich
disponer	verfügen
la criada	Dienstmädchen
el mundo	Welt
el cielo	Himmel
el beso	Kuß

Die junge Magd, *la joven criada,* die uns vor dem Haus erwartet, *que nos espera delante de la casa,* heißt, *se llama,* Dolores.

Sie zeigt uns, *nos enseña,* die Räume, in denen wir unsere Ferien zu verbringen gedenken, *las habitaciones en las que pensamos pasar nuestras vacaciones.*

Unten ein großes Wohnzimmer, *abajo, un cuarto de estar grande,* ein Eßzimmer, *un comedor* (wie feierlich das tönt), und eine Küche, *y una cocina.*

Oben, drei Schlafzimmer und ein Badezimmer, *arriba, tres dormitorios y un cuarto de baño.*

Schau Mami, ruft Rosamari, in der Küche ist ein Kühlschrank, *en la cocina hay* (= ist, es gibt) *una nevera,* und ein elektrischer Herd, *y una cocina eléctrica,* denn für Herd braucht man das gleiche Wort wie für Küche.

Jetzt beginnt sich aber auch die Mutter langsam zu begeistern, und mit Genugtuung stellt sie fest, daß auch Bügeleisen und Staubsauger vorhanden sind, *hay también una plancha y un aspirador.*

El padre y el hijo haben unterdessen etwas viel Wichtigeres, *algo mucho más importante,* herausgefunden, daß nämlich hinter dem Haus eine Garage ist, *que detrás de la casa hay un garaje. Pedrito ha ido* (ist gegangen) *el primero.* Und bei diesem *ha ido* möchten wir Sie, *queridos lectores,* wie Sie bereits in der fünften Lektion gesehen haben, *como ya han visto en la quinta lección,* noch einmal auf die angenehme Tatsache aufmerksam machen, daß im Spanischen nur haben = *haber* als Hilfsverb gebraucht wird, also: *he sido* oder je nachdem *he estado* (ich bin gewesen) oder eben *ha ido* (er ist gegangen).

Sie können – buchstäblich «mit Hilfe» von *haber* – schon diese spanische Vergangenheitsform bilden, die uns mit dem komplizierten Namen *pretérito perfecto actual* erschrecken möchte und ungefähr unserem deutschen «ich bin gewesen», «ich bin gegangen» entspricht. Also: «gesungen» = *cantado,* das wir das letzte Mal lernten, plus «*ha*» davor . . . *ha cantado,* er hat gesungen; «ich habe geschlafen» = *he* plus «*dormido*» . . . Sie können es bereits!

Nach diesem lehrreichen Seitensprung schauen wir uns das Eßzimmer näher an: *en el comedor hay una mesa* (Tisch), *seis sillas* (Stühle) *y dos sillones* (zwei Lehnstühle). *En un aparador* (Buffet) *se encuentra* (befindet sich) *toda la vajilla* (das ganze Geschirr) *necesaria: vasos* (Gläser), *tazas* (Tassen), *platos* (Teller), *fuentes* (Platten) *de cerámica mallorquina,* usw.

Jetzt öffnen, *abren,* unsere neugierigen Gäste, *nuestros huéspedes curiosos,* auch die Schubladen, und wie herrlich: *en los cajones* (Schubladen) *están los manteles* (Tischtücher) *y las servilletas, con deliciosos bordados de Mallorca* (mit herrlichen Mallorca-Stickereien).

La criada ha mostrado todas estas cosas (hat alle diese Sachen gezeigt) *con una cara* (mit einem Gesicht) *como si no hubiese roto un plato en su vida.* Das ist eine Redewendung, die unserem «wie wenn sie kein Wässerchen trüben könnte» dem Sinn nach entspricht, wörtlich heißt es: «wie wenn sie in ihrem ganzen Leben nie einen Teller zerschlagen hätte». *Roto* = zerbrochen, *en su vida* = in ihrem Leben.

Und dieses hätte = *hubiese* gehört zum berüchtigten, komplizierten spanischen Konjunktiv. Wir wollen Sie aber jetzt nicht mit den unzähligen Regeln dieser bösen Form plagen.

Hubiese heißt «hätte», und das ist eine der meistwiederkehrenden Formen, so z. B. *si él hubiese hablado* (wenn er gesprochen hätte).

Rosamari konstatiert, daß keine *alfombras* (Teppiche) auf dem Boden, *el suelo,* liegen. Dafür ist es in Mallorca wohl zu heiß, *hace demasiado calor en Mallorca.*

Die Spanier lieben den Steinboden, den sie «*suelo de mosaico*» nennen, was natürlich viel schöner tönt. Außerdem, *además,* ist er leicht zu putzen, *es fácil de limpiar,* und sehr kühl im Sommer, *y muy fresco en verano.*

Doch nun trinken wir alle zusammen *el café* im Garten, *en el jardín,* im Schatten der Palmen, *a la sombra de las palmeras.*

Dolores hat alles im Nu gerichtet und ist sehr besorgt, *y está muy preocupada*, daß alle zufrieden sind. Allerdings ist die Sprache immer noch ein Hindernis, *impedimento*, denn sie kann kein Wort deutsch, *pues no sabe ninguna palabra de alemán*. «Die beste Gelegenheit, um spanisch zu lernen», *la mejor oportunidad para aprender español*, ruft Rosamari, während die Mutter seufzt, *mientras suspira la madre*.

Aber schon beim Abendessen seufzt die Mutter nicht mehr, denn was hier auf den Tisch kommt, ist eine regelrechte *«paella»*, die berühmte spanische Nationalspeise. Dolores nimmt verschämt die Komplimente über ihre Kochkunst entgegen. Sie ist eine richtige *mallorquina* und ist nie aus Mallorca fortgegangen, *y no ha salido nunca de Mallorca*.

Sie staunt, als sie hört, daß ihre Herrschaft, *sus señores*, schon die große moderne Stadt Barcelona gesehen hat. Von den Einwohnern, *de los habitantes*, Barcelonas, den Katalanen, *los catalanes*, scheint sie anzunehmen, daß sie alle gute Geschäftsleute, *buenos comerciantes*, und die besten Nachahmer der ausländischen Produkte sind.

Und sie erzählt folgende Geschichte: Ein Textilfabrikant aus Barcelona geht auf der Straße, *va por la calle*. Ein Passant tritt ihm auf den Fuß. *El fabricante coge* (packt) *al transeúnte* (Passant) *por las solapas* (beim Revers) *de su chaqueta* (seiner Jacke), um ihn wütend zu schütteln. Plötzlich merkt er, *de repente nota*, daß der Anzugstoff, *la tela del traje*, des Passanten aus seiner Fabrik stammt.

Der Industrielle wird allmählich freundlicher, und zuletzt ruft er dem Passanten zu: *¡Tú eres un buen amigo!* (Du bist ein guter Freund). *Llevas una tela de mi fábrica* (Du trägst einen Stoff aus meiner Fabrik).

Ya es tarde, pues la cena ha durado hasta las diez (Es ist schon spät, denn das Nachtmahl hat bis zehn Uhr gedauert). Jetzt sitzen, *están sentados*, alle noch am Strand und bewundern den Mondschein, *la luz de la luna*.

Der Mond mit seinem Schleier aus Silber und Saphir . . . «*La luna con su velo de plata y zafiro . . .*» wie ein spanisches Studentenlied sagt, *como dice una canción estudiantil española*.

Sind die spanischen Studenten so romantisch? *¿Son los estudiantes españoles tan románticos?* Oh, ja. *Todas las universidades tienen sus «tunas»* (alle Universitäten haben ihre «Singstudenten»), die einen schwarzen Übermantel tragen, *que llevan una capa negra,* an dem flatternde, bunte Bänder, *cintas de colores,* befestigt sind: *una cinta por cada novia* (ein Band für jede Braut).

Und abends bringen sie ihrer Angebeteten ein Ständchen. *Cantan* (sie singen) Liebeslieder, *canciones amorosas,* mit Gitarrenbegleitung, regelrechte *«serenatas»* wie in alten Zeiten, *como en tiempos pasados.*

Und die Schönen, *las guapas,* sind oft spröd, auch wie in alten Zeiten, und lassen sich nicht im Sturm erobern. So erzählt Dolores, die sich zur Familie gesetzt hat und die Sterne betrachtet, *contempla las estrellas.* Rosamari wird ganz elegisch zu Mut in der lauen spanischen *noche,* und sie zitiert einen Spruch, den sie einmal gelernt hat:

Las estrellas del cielo son ciento doce;
Con las dos de tu cara, ciento catorce.
(Die Sterne des Himmels sind hundert und zwölf.
Mit den zweien Deines Antlitzes
sind es hundert und vierzehn.)

Und beim glitzernden Sternenhimmel verlassen wir leise, *quedamente,* unsere Familie. Das nächste Mal werden wir sie am Strand wiederfinden.

Wir haben in der 9. Lektion gelernt:

WIEVIEL UHR IST ES?

¿Qué hora es?
¿Sabe Vd. (= usted) qué hora es?
Es la una
Es la una y cuarto
Son las dos y media
Son las tres menos cinco (minutos) usw.

PRÄSENS von zwei nützlichen, aber leider unregelmäßigen Verben:
saber = wissen, können: *sé, sabes, sabe, sabemos, sabéis, saben.*
salir = ausgehen, verreisen: *salgo, sales, sale, salimos, salís, salen.*

WICHTIGSTE NEUE WÖRTER:

delante de	vor (örtl.)	*el mantel*	Tischtuch
llamarse	heißen	*la servilleta*	Serviette
mostrar	zeigen	*como si*	wie wenn
el cuarto de estar	Wohnzimmer	*roto, -a*	zerbrochen
la cocina	Küche, Herd	*la alfombra*	Teppich
la cocina eléctrica	elektrischer Herd	*el suelo*	Boden
		además	außerdem
abajo	unten	*fresco, -a*	kühl
arriba	oben	*a la sombra*	im Schatten
el dormitorio	Schlafzimmer	*el impedimento*	Hindernis
la nevera	Kühlschrank	*alemán*	deutsch
la plancha	Bügeleisen	*mejor*	besser
el aspirador	Staubsauger	*aprender*	lernen
detrás de	hinter	*suspirar*	seufzen
el garaje	Garage	*no . . . nunca*	nie
visto	gesehen	*el comerciante*	Geschäftsmann
la acción	Handlung	*bueno, -a*	gut
por ejemplo	zum Beispiel	*coger*	nehmen
la silla	Stuhl	*de repente*	plötzlich
el sillón	Lehnstuhl	*notar*	merken
el aparador	Buffet	*llevar*	tragen, hintragen
encontrarse (ue)	sich befinden	*durar*	dauern
la vajilla	Geschirr	*la luz*	Licht
necesario, -a	nötig	*la luna*	Mond
el vaso	Glas	*la plata*	Silber
la taza	Tasse	*el color*	Farbe
el plato	Teller	*cada* (unveränderl.)	jeder, -e
la fuente	Platte		
abrir	öffnen	*la novia*	Braut
curioso, -a	neugierig	*contemplar*	betrachten
el huésped	Gast	*la estrella*	Stern
el cajón	Schublade	*quedamente*	leise (Adv.)

Es ist heller Morgen, *hace una mañana clara.* Unsere Familie hat ausgezeichnet geschlafen im neuen Heim, *nuestra familia ha dormido estupendamente en el nuevo hogar.* Die Mutter ist sehr früh aufgestanden, *la madre se ha levantado muy pronto, (levantarse* = aufstehen, sich erheben), um Dolores die Richtlinien für das deutsche Frühstück zu geben, *para dar a Dolores las instrucciones para preparar el desayuno alemán:* Milchkaffee, *café con leche,* Butter, *mantequilla,* und Marmelade, *y mermelada.*

Aber sogar der Milchkaffee ist für die Spanier ein Vorwand, *es un pretexto para los españoles,* um an die Augen einer Schönen zu denken, wie folgender Spruch beweist:

Me gusta la leche,
Ich habe Milch gern
me gusta el café,
ich habe Kaffee gern
pero más me gustan
aber noch lieber habe ich
los ojos de usted.
Ihre Augen.

Gustar kann viele Bedeutungen, *significados,* haben: gern haben (*me gusta el vino*), gefallen (*me gusta España*) und schmecken (*me gusta la comida* [= Essen] *española*). *¿Le gusta este libro?* Gefällt Ihnen dieses Buch? *¿Le gusta madrugar?* Stehen Sie gern früh auf?

Vamos a la playa con la familia para no ver solamente ojos (um nicht nur Augen zu sehen). Dafür sehen wir ganz braungebrannte Körper, *a cambio vemos cuerpos totalmente morenos. Los niños están impacientes* (die Kinder sind ungeduldig) *y se adelantan* (und gehen voraus); sie haben sich so gefreut, *se han alegrado tanto,* im Meer zu baden, *de bañarse en el mar.*

Es ist Hochsommer, und auch die vorsichtigsten Spanier, die

sonst behaupten: *hasta el cuarenta de mayo* (der vierzigste Mai = der neunte Juni) *no te mojes el sayo* (mach dein Gewand nicht naß = bade nicht), sind alle am Strand. Allerdings fast nur junge Einheimische.

Sollten die anderen das Sprichwort ernst nehmen, das da sagt: *de los cuarenta para arriba* (von vierzig an aufwärts) *no te mojes la barriga* (mach dir den Bauch nicht naß). Auf jeden Fall verbrüdern sich Pedrito und Rosamari sofort, *en seguida,* mit der einheimischen Jugend und beschließen, eine Bootsfahrt, *un viaje en barca,* für den Nachmittag, *para la tarde.*

Nachdem sie sich ausgiebig im Wasser, *en el agua,* getummelt haben, schlendern sie den Strand entlang, *a lo largo de la playa.* Unglaublich, wieviel Kinder hier spielen! Sie bauen Tunnel und Schlösser aus Sand, *construyen túneles y castillos de arena,* und schleppen fleißig ihre mit Wasser gefüllten Kesselchen, *sus cubitos llenos de agua.*

Ein größerer Junge zeigt in eine bestimmte Himmelsrichtung und sagt: «Dort drüben, *allí al otro lado,* ganz weit weg, befinden sich die Ameiseninseln, *las Islas de las Hormigas.*»

Zwar sehen unsere jungen Leute gar nichts, *nuestros muchachos no ven nada más,* als blaues Meer, *que el mar azul,* doch hören sie, *escuchan,* interessiert der Legende der verzauberten Schiffe zu.

Der Junge erzählt nämlich, warum in Palamós am 24. Juni *San Juan* besonders mit *verbenas* (nächtliche Volksfeste mit Tanz im Freien) gefeiert wird, *se celebra.* Weil er einst die Stadt rettete, *porque salvó la ciudad.*

Una flotilla de piratas näherte sich, *se aproximaba. San Juan maldijo a los piratas* (San Juan verfluchte die Piraten) *y convirtió sus barcos en islas pequeñas* (und verwandelte ihre Schiffe in kleine Inseln).

Heute noch sehen wir die Felsenriffe von Palamós, die Ameiseninseln. Und alte Seebären, die in Spanien allerdings «Seewölfe» heißen, *viejos lobos de mar,* wollen in der Johannisnacht sehen, wie die versteinerten Schiffe sich bewegen.

Pedrito läßt sich alles von Rosamari übersetzen, *traducir,* dann gehen sie Muscheln suchen, *luego se van a buscar conchas (irse* = fortgehen).

Unterdessen, *entre tanto,* kümmert sich die Mutter um den Haushalt, und da sie die Verhältnisse nicht kennt, muß sie immer wieder Dolores fragen. Nun schickt sie sie einkaufen, *la manda a comprar* oder *hacer la compra:*

Por favor, Dolores, tenga la bondad (seien Sie so gut) *de comprar sal, aceite* (Öl), *pan* (wobei unterschieden wird zwischen «*barras*», langem Brot, und «*panecillos*», Brötchen). Dann möchte die Herrin, *la señora desea después,* viel Gemüse und Obst, *mucha verdura y fruta, berenjenas* (Aubergines), *tomates y plátanos* (so heißen hier merkwürdigerweise die Bananen).

Und in diesem Zusammenhang geben wir unseren findigen Lesern ein Rätsel auf:

Oro parece;
Es scheint Gold
plata no es.
und ist kein Silber.
Quien no adivine esto,
Wer dies nicht erraten kann,
bien tonto es.
ist sehr dumm.

Das sind unsere Leser aber nicht, denn Sie haben es sicher schon alle gemerkt, *plata no es,* sollte *plátano es* geschrieben werden; was wie Gold scheint, ist also die Banane.

Aber Dolores muß, *tiene que,* noch mehr Früchte kaufen: *naranjas* (Orangen) *y melocotones* (Pfirsiche), *así como albaricoques* (sowie Aprikosen), die bekanntlich in Wien Marillen heißen – das soll auf die Spanier zurückgehen. Denn als die Habsburger nach dem Erbfolgekrieg nach Österreich zurück mußten, nahmen sie viele spanische Diener mit, die dem Volke dann «spanisch» vorkamen.

Auch jene Diener, *también aquellos criados,* mußten wie unsere Dolores für die Herrschaft einkaufen gehen, und da sie nicht deutsch konnten, zeigten sie auf die gelben Früchte und sagten: *de esta fruta amarilla,* wobei die Wiener das Wort Marillen aufgeschnappt haben sollen.

Unsere *criada* nimmt jetzt auch einen großen Korb, *canasta,* und das Geld, *el dinero,* von ihrer Herrin und geht bis zum nächsten

Laden, *y se va hasta la tienda más cercana,* während die deutsche Hausfrau die beste Lust verspürt, es den entthronten Habsburgern nachzumachen und die *criada* aus Spanien in die Heimat mitzunehmen, wo dann allerdings *ihr* vieles «spanisch» vorkommen wird.

Aber wir vernachlässigen unbedingt den Herrn des Hauses. Er hat immer noch seine abenteuerliche Freude an Entdeckungen behalten und will das Land ringsum etwas kennenlernen, *conocer el país.* Auch die Pflanzen und Bäume, *las plantas y los árboles,* interessieren ihn.

Unterwegs will er spanische Zigarren kaufen, die eigentlich *cigarros* heißen sollten, aber *puros* heißen; und auch das ist, wie offenbar alles in diesem Land, historisch bedingt:

So gehörte bis 1898 *(mil ochocientos noventa y ocho)* Cuba den Spaniern, welche dort die echten Havannazigarren herstellten. Echt heißt *puro,* daher sagt man heute noch die «echten», *los puros.*

Zu den puros kauft er auch die niedlichen *cerillas* oder Wachsstreichhölzchen, die aus fest gerolltem, wachsüberzogenem Papier, *papel,* bestehen.

Die spanischen Schulkinder pflegen sie in der Schule, *en la escuela,* aufzurollen und schreiben auf dieser winzigen Pergamentrolle mit virtuoser Miniaturschrift das «Pater noster» oder kleine Briefchen *(telegramas* genannt), die sie einander zustecken.

Aber jetzt denkt plötzlich der Vater, daß er noch viele Ansichtskarten, *tarjetas postales,* kaufen muß, mit ebensovielen Marken, *sellos.*

Denn seine Frau und er möchten allen ihren Bekannten herzliche Grüße aus Spanien zukommen lassen, *desean enviar a sus conocidos cordiales saludos.* Wir schließen uns ihnen an, liebe Leser, *enviándoles desde España nuestros más cordiales saludos.*

Wir haben in der 10. Lektion gelernt:

Der Akkusativ, der «Wen-Fall», ist im Spanischen zwar meistens gleich dem Nominativ, dem «Wer-Fall». Aber — Ausnahmen bestätigen auch diese Regel. Natürlich dürfen Sie als Ausländer Fehler machen, aber Ihre spanischen Freunde freuen sich, wenn Sie sich die Mühe machen, sich folgendes zu merken:
Wenn es beim «Wen-Fall» um eine *bestimmte* Person oder ein *bestimmtes* Tier geht, muß man vor dieses Wort ein *«a»* setzen.

Beispiele:

El estudiante busca su libro	Der Student sucht sein Buch
El padre ve un niño	Der Vater sieht ein Kind

Beide «Wen-Fälle» ohne *«a»* davor, weil es ja nicht um eine bestimmte Person oder ein bestimmtes Tier geht.

Aber:

El estudiante busca a su novia	Der Student sucht seine Braut
El padre ve a su hijo	Der Vater sieht seinen Sohn

Nicht wahr, es ist doch nicht ganz so schwierig, wie Sie zuerst glaubten?

WICHTIGSTE NEUE WÖRTER:

claro, -a	hell
el hogar	Heim
pronto	früh
las instrucciones	Weisungen
la leche	Milch
la mantequilla	Butter
la mermelada	Marmelade
el pretexto	Vorwand
me gusta	ich habe gern
el significado	Bedeutung
la comida	Essen
el libro	Buch
el cuerpo	Körper
moreno, -a	braun (Haut)
impaciente	ungeduldig
adelantarse	vorausgehen
alegrarse	sich freuen
mojarse	sich naß machen
el tomate	Tomate
el plátano	Banane
adivinar	erraten
tonto, -a	dumm
la naranja	Orange
el melocotón	Pfirsich
el albaricoque	Aprikose
aquello, -a	jener, -e
la fruta	Frucht, Obst
la canasta	großer Korb
la tienda	Laden
cercano, -a	nahe, nächst
el árbol	Baum
el puro	Zigarre
en seguida	sofort
construir	bauen
el cubo	Kessel, Eimer
nada	nichts
escuchar	zuhören
celebrar	feiern
salvar	retten
aproximarse	sich nähern
traducir	übersetzen
buscar	suchen
entre tanto	unterdessen
comprar	(ein)kaufen
hacer la compra	
tenga la bondad	seien Sie so gut
la sal	Salz
el aceite	Öl
la berenjena	Aubergine, Eierfrucht
los fósforos	Streichhölzer
las cerillas	
el papel	Papier
la escuela	Schule
la tarjeta postal	Postkarte
el sello	Briefmarke
enviar	schicken
desde	aus, von . . . weg

Heute sind wir voll Unternehmungslust und wollen die Insel besichtigen, *hoy estamos muy animados y queremos visitar la isla. Hemos desayunado pronto, al estilo alemán.* Unser Reiseziel ist der Hafen von Soller, *el puerto de Sóller.*

Über Palma fahren wir nach Valldemosa, *uno de los pueblos más pintorescos* (malerisch) *de Mallorca.* Dort befindet sich die Kartause von Valldemosa, *allí se encuentra la Cartuja de Valldemosa. La visitamos* und denken wehmütig, daß hier Chopin und George Sand einen Winter verbrachten, *pasaron un invierno.*

Chopin estaba muy enfermo (krank). Er ließ sich aus Paris ein Pleyel-Klavier, *un piano,* schicken mit der Hilfe eines mallorquinischen Bankiers, *con la ayuda de un banquero mallorquín,* der offenbar eine romantische Ader besaß.

Doch war die Ruhe, *la tranquilidad,* des *compositor* von kurzer Dauer, denn seine Landsleute, *sus compatriotas,* ließen ihn nicht in Frieden, *no le dejaban en paz,* und bombardierten ihn mit Bettelbriefen, weil sie das Geld seiner Konzerte für ihren Freiheitskampf brauchten.

Aber was sollen wir Ihnen das beschreiben, es steht ja alles in George Sands Buch «Ein Winter in Mallorca», *un invierno en Mallorca.*

Después de visitar el interior de la Cartuja, los jardines y las celdas (Zellen), *presenciamos* (beiwohnen) *una exhibición de bailes folklóricos* (Volkstänze).

Dann geht es weiter zur ehemaligen Residenz von Erzherzog Ludwig Salvator von Österreich, *luego continuamos hasta la antigua residencia del archiduque Luis Salvador de Austria,* dem vielleicht das Verdienst zukommt, als erster Mallorca entdeckt zu haben.

Was bedeuten die vielen Kopftücher? fragt erstaunt Pedrito. *¿Qué significan tantos pañuelos de cabeza? pregunta sorprendido Pedrito.*

Ja, diese Geschichte ist eigentlich nicht für minderjährige Pedritos, denn der *archiduque* soll ein großer *Don Juan* gewesen sein, so daß er den Bauernmädchen der Umgebung keine Ruhe ließ; er sammelte dann die Kopftücher der eroberten Schönen, und die üblichen bösen Zungen behaupten, daß seither, *desde entonces*, die Bevölkerung Mallorcas einen österreichischen Einschlag habe.

Eins ist sicher, *una cosa es segura:* die Kopftücher sind da, harmlose bunte Skalpe, die ihre Trägerinnen überlebt haben. Die Herren lachen herzlich, aber die weibliche Psyche ist kompliziert, denn da, beim Anblick dieser legendären Kopfbedeckungen, kommen unsere Damen auf eine sonderbare Assoziation, nämlich, *que quieren comprar zapatos* (daß sie Schuhe kaufen möchten).

Vorerst müssen sie diesen Wunsch aber noch verdrängen, denn der Vater denkt nicht daran, jetzt Einkäufe zu machen. Und er hat recht, *y él tiene razón. La vista desde el balcón de la residencia es maravillosa* (wunderbar). *Hace un día muy claro y se ve hasta Barcelona.*

Los jardines están llenos de naranjos (Orangenbäume), *limoneros* (Zitronenbäume) *y almendros* (Mandelbäume). *Una quinta parte* (ein Fünftel) *de todas las almendras* (Mandeln) *del mundo* (Welt) *provienen* (stammen aus) *de Mallorca.*

Und die Reisebüros, *agencias de viajes,* machen immer wieder Propaganda, auf daß die Jungvermählten, *los recién casados,* ihre *«luna de miel»* (Honigmond) in der Zeit der Mandelblüte in Mallorca verbringen.

Ahora vamos a Sóller. Aber wen treffen wir auf der einsamen Straße? *¿Pero a quién encontramos por la solitaria carretera?* Wahrhaftig, es ist ein regelrechter Dudelsackpfeifer, *un gaitero,* mit einem allerliebsten Eselchen, *un borrico.*

El gaitero vende «botijos», der Dudelsackpfeifer verkauft *«botijos»,* die eigenartigen spanischen Tonkrüge, die ganz verschlossen sind, bis auf einen kleinen Schnabel, aus dem der Wasserstrahl fließt; und es ist eine große Kunst, ihn kunstgerecht aufzufangen.

Mientras nosotros le compramos un botijo como recuerdo, während wir ihm einen *«botijo»* als «Souvenir» abkaufen, betrachtet Rosamari das geduldige Eselein, wie es durch seine langen Wimpern in die Sonne blinzelt.

Sie fragt sich, warum man diesem Tier, *a este animal,* immer negative menschliche Eigenschaften zuschreibt; hat sie nicht erst kürzlich eine Fabel auswendig lernen müssen, in der es hieß:

Pintó el insigne don Francisco Goya
Es malte der berühmte Herr Francisco Goya
con tan rara verdad y valentía
mit so großer Echtheit und Mut
un burro de la casa en que vivía,
einen Esel aus dem Haus, in dem er lebte,
que el cuadro borrical era una joya.
daß das Eselbild eine Pracht (Juwel) war.

Das Bild ist so gut, *el cuadro es tan bueno,* daß Goya es nicht verkaufen will, *que Goya no quiere venderlo.* Dann kommt natürlich ein reicher Engländer, *un inglés rico,* der eine große Summe dafür anbietet.

Und der Esel hört zu und ruft stolz, *orgulloso,* aus:

Mil duros da el inglés por mi retrato,
Tausend «duros» (1 duro = 5 Peseten)
gibt der Engländer für mein Konterfei,
por el original, ¿qué no daría?
was würde er nicht alles fürs Original geben?

un gaitero

Wie man dir Unrecht tut, *¡pobrecito!* (armer Kerl), sagt ihm Rosamari leise ins lange Ohr. Bist Du nicht goldig? I-aaaaa, antwortete der *burro*, denn er verstand auch deutsch.

Und schon geht die Fahrt weiter. Die Familie besichtigt noch den kleinen Kriegshafen von Sóller, reizend gelegen, ringsum ist wieder Sandstrand.

Da können die Jungen nicht widerstehen, und sie gehen baden. Doch diesmal haben sie zuviel Sonne, *el sol*, erwischt und haben eine sogenannte *insolación* (Sonnenbrand) bekommen.

Auch durstig sind alle geworden und wollen einen *zumo de naranja* (reinen Orangensaft), bevor sie wieder ins Auto einsteigen. Der Vater macht widerwillig einen kleinen Umweg über die Stadt Inca, denn die Damen wollen endlich ihren Wunsch erfüllen und *zapatos* kaufen.

Nuestras damas saben (wissen) *que casi* (fast) *todos los zapatos de artesanía* (handgenäht) *vienen de Mallorca.* Nun betreten wir das Schuhgeschäft, *la zapatería.*

¿Qué número tiene la señora? pregunta el dependiente (Verkäufer). *El (número) treinta y nueve.*

¿Desea el tacón alto o bajo? Mit hohem oder niedrigem Absatz? *Con tacón alto, naturalmente,* denn es sollen *zapatos elegantes* sein.

Der Vater wird ungeduldig, *el padre se impacienta,* aber endlich sind die Damen entschlossen und wissen, was sie wollen. Nachdem sie *varios pares de zapatos* gekauft haben, fahren sie nach Palma, und diesmal will der Vater schöne, pelzgefütterte Winterhandschuhe, *guantes forrados de piel.*

Pedrito rechnet schnell aus, daß sie nur etwa zehn Mark kosten und will auch welche. Es scheint eine wahre Handschuhepidemie auszubrechen, denn nun hat die Mutter schöne, lange Abendhandschuhe gesehen, *guantes para el teatro,* und kauft sie.

Rosamari, die in Inca schon *zapatillas* (Hausschuhe) bekommen hat, wünscht sich jetzt noch eine Lederhandtasche, *un bolso de piel.*

Heißt es denn nicht *cuero* = Leder? fragt sie den Verkäufer. Und er belehrt sie, daß *cuero* nur das Leder als Rohmaterial bezeichnet, während das verarbeitete Leder *piel* heißt, also gleich wie Pelz.

Nun sei es aber genug mit den Einkäufen, mahnt der Vater,

denn wie das Sprichwort sagt: *gato con guantes no caza* (der behandschuhte Kater kann nicht jagen).

Queridas lectoras, verzeihen Sie, wenn wir Ihnen den Mund wässrig gemacht haben mit all den Einkäufen. Es soll nicht wieder vorkommen, schon um keine Scherereien mit dem Zoll zu haben. *¡Mil perdones!*

Wir haben in der 11. Lektion gelernt:

EINE NEUE VERGANGENHEITSFORM: das *pretérito imperfecto.* (Für Sprachkundige: sie entspricht im Gebrauch dem französischen «imparfait».)

Muster für die drei Verbklassen, auf -ar, -er und -ir:

cant-ar = singen	*vend-er* = verkaufen	*part-ir* = trennen, abreisen
cant-aba	*vend-ía*	*part-ía*
-abas	*-ías*	*-ías*
-aba	*-ía*	*-ía*
-ábamos	*-íamos*	*-íamos*
-ábais	*-íais*	*-íais*
-aban	*-ían*	*-ían*

Aufpassen auf die Betonung der 1. und 2. Person Mehrzahl!

WICHTIGSTE NEUE WÖRTER:

animado, -a	belebt, munter	*solitario, -a*	einsam
al estilo	im Stil	*el recuerdo*	Andenken
pintoresco, -a	malerisch	*el animal*	Tier
el invierno	Winter	*el cuadro*	Bild
enfermo, -a	krank	*rico, -a*	reich
la tranquilidad	Ruhe	*pobre*	arm
la paz	Friede	*la insolación*	Sonnenbrand
el interior	Inneres	*el zumo de naranja*	Orangensaft
la celda	Zelle		
presenciar	beiwohnen	*la zapatería*	Schuhgeschäft
la exhibición	Vorführung	*el número*	Nummer
la cabeza	Kopf	*el dependiente*	Verkäufer Angestellter
sorprender	überraschen, erstaunen	*el tacón*	Absatz
desde entonces	seither	*alto, -a*	hoch
seguro, -a	sicher	*bajo, -a*	niedrig
tener razón	recht haben	*impacientarse*	ungeduldig werden
se (3. Person)	man ...		
el naranjo	Orangenbaum	*el par*	Paar
el limonero	Zitronenbaum	*el guante*	Handschuh
el almendro	Mandelbaum	*forrado, -a*	gefüttert

provenir	herstammen	*la piel*	Pelz, Leder
la agencia de viajes	Reisebüro	*las zapatillas*	Hausschuhe
		un bolso	Handtasche
recién casado	jungvermählt	*el gato*	Katze
la carretera	Landstraße	*cazar*	jagen

Buenos días, queridos lectores. Sind Sie mit Ihren Einkäufen zufrieden und balancieren Sie elegant auf den *zapatos españoles?* Hoffentlich haben Sie gute *dependientes* gehabt. Für den Fall, daß Sie sich noch nicht gut mit ihnen verständigen konnten, repetieren wir das Allernotwendigste, um uns etwas spanisch unterhalten zu können.

Wenn Sie zum Beispiel nicht mehr konjugieren können und etwas benötigen, dann genügen Ausdrücke wie *necesito* oder *me hace falta* (ich benötige, ich brauche) plus die entsprechenden Hauptwörter: *necesito cigarrillos* = ich brauche Zigaretten, *me hace falta un baño* = ich benötige ein Bad. Dieselben Ausdrücke können mit der Grundform des Zeitwortes verwendet werden: *necesito comprar un disco* = es ist mir notwendig (= ich muß, ich möchte) eine Schallplatte zu kaufen, *me hace falta dormir mucho* = ich brauche viel Schlaf. Oder Sie sagen *quiero, desearía* (ich will, ich möchte) plus die Grundform. Als Beispiel erinnern Sie sich an *queremos volver* = wir wollen zurückkehren. Ich brauche = *preciso* oder *necesito,* du brauchst = *precisas* oder *necesitas,* und so weiter: *precisa* oder *necesita, precisamos* oder *necesitamos, precisáis* oder *necesitáis, precisan* oder *necesitan.*

Und da wir schon so tapfer mit Repetieren angefangen haben, wollen wir uns doch auch an die Verben wagen und wenigstens in allen Personen in der Gegenwart zu Abend essen *(cenar): ceno, cenas, cena, cenamos, cenáis, cenan.* Nach dem Abendessen wollen wir in allen Personen ins Hotel zurückkehren *(volver): vuelvo, vuelves, vuelve, volvemos, volvéis, vuelven,* um natürlich schlafen zu gehen *(dormir): duermo, duermes, duerme, dormimos, dormís, duermen.* Beides sind Zeitwörter mit dem Wechsel *o/ue* (außer die 1. und 2. Person der Mehrzahl, welche meistens regelmäßig sind), den wir aus Lektion 7 kennen. Nun haben wir zu Abend gegessen, sind zurückgekehrt und haben geschlafen: *hemos cenado, hemos vuelto y hemos dormido.* Und wenn wir die andere, uns schon bekannte Vergangenheit einsetzen wollen, dann heißt's: 1. Person: *cenaba, volvía, dormía* ... Fahren Sie selbst weiter.

Sagen Sie uns jetzt noch bitte ... ja, was heißt schon «bitte» = *por favor,* und «Haben Sie die Güte» = *tenga la bondad.* Also: *tengan la bondad* und sagen Sie uns: was heißt «es ist warm»? Und «es ist Nacht»? Wie wird «es ist spät» übersetzt? *(Hace calor, es de noche, es tarde).*

Was geschieht bei Frage- und Ausrufungssätzen? Da setzt man bereits am Anfang ein auf dem Kopf stehendes Frage- oder Ausrufungszeichen (¿, ¡), als ob diese eine Yogaübung machten. Das ist im Spanischen obligatorisch, nicht um die Schüler zu ärgern, sondern um die ganze Aufmerksamkeit des Lesers auf die folgenden Zeilen zu lenken.

Und nun erbitten auch wir Ihre ganze Aufmerksamkeit, weil wir Ihnen sowohl eine mündliche, wie eine schriftliche Aufgabe stellen wollen. Beginnen wir mit der mündlichen: es handelt sich um sechs Fragen, die Sie beantworten sollen. Für jede richtige Antwort dürfen Sie sich einen Punkt gutschreiben. Am Schluß dieser Lektion können Sie die Richtigkeit Ihrer Antworten kontrollieren.

1. *¿Cómo se llaman los días de la semana?*
2. Wie konjugiert man *sentarse* und *poder?*
3. Was heißt: daher, plötzlich, wie, wenn?
4. Was heißt: dieser, jener?
5. Was heißt: wann und wieviel?
6. Wieviel Uhr ist es? – Es ist zwei Uhr.

Wer alle Antworten wußte, hat natürlich eine Sechs und ist ein Musterschüler. Fünf richtige Antworten geben eine Fünf, vier eine Vier usw. Wer unter einer Drei hat, muß unbedingt die vergangenen Lektionen nochmals aufmerksam durchlesen.

Damit er dies auch mit der richtigen Aussprache tut, geben wir noch einmal kurz die vereinfachten Hauptregeln der spanischen Aussprache. Lassen Sie uns statt in ein Klassenzimmer in der Erinnerung in unser spanisches Nachtlokal zurückkehren. *Cabaret español:* da war von *castañuelas* die Rede. Auf dem *ñ* von *español* und *castañuelas* sehen Sie die Tilde, welche aus dem *n* ein nj macht, denselben Laut wie im Worte Champagner. Dann traten junge Zigeuner auf: *gitanos jóvenes,* und wir erinnern uns wieder, daß dieses *g* vor *e, i* und jedes *j* vor Vokal wie deutsches ch in «ach» gesprochen werden (chitanos, chówenes). Es war Nacht = *era de noche,* dabei wird dieses *ch* wie tsch gesprochen (notsche). Es spielten die *guitarristas,* und das *u* nach dem *g* wurde nicht gehört (wenn anschließend *i* oder *e* kommt). Wir hatten eine Flasche Wein, *una botella,* bestellt: dies erinnert uns daran, daß *ll* wie lj ausgesprochen wird (botelja). Zum Wein aßen wir gefüllte Oliven: *aceitunas rellenas,* und diese *aceitunas* haben das berüchtigte *c* vor *e* oder *i,* das in Spanien wie ein stimmloses englisches *th* ausgesprochen wird, in Lateinamerika dagegen wie ein deutsches ß.

Queridos (sprich keridos) *lectores,* wir können Sie natürlich nicht zwingen, die spanischen Wörter richtig auszusprechen. Wenn es Ihnen aber Spaß macht, so versuchen Sie es trotzdem, denn eine Sprache ist ja schließlich in erster Linie dazu da, gesprochen zu werden und erst in zweiter Linie, um geschrieben und gelesen zu werden. Am Anfang war das Wort und dann die Schrift.

Dessen eingedenk werden wir Ihnen jetzt auch noch eine schriftliche Aufgabe stellen. Es sind zehn Sätze, die Sie übersetzen sollen. Die Lösung finden Sie ebenfalls am Ende dieser Lektion.

1. Der junge Zigeuner singt ein andalusisches Lied.
2. Die Spanier schlafen wenig und stehen früh auf.
3. Die Überfahrt nach Mallorca dauert acht Stunden.
4. Wie erkennt man Herrn Pérez?
5. Du gibst die Koffer dem Gepäckträger.
6. Die Familie geht heute morgen an den Strand.
7. Mir schmeckt der Milchkaffee; Schokolade schmeckt mir nicht.
8. In der Nacht sehen wir am Himmel die Sterne und den Mond.
9. Vater und Sohn kaufen Postkarten und Briefmarken.
10. Die Passagiere sind an Land gegangen.

Nachdem Sie so schön geduldig waren, kehren wir zu unseren Einkäufen zurück. «Was kostet das?» ist eine immer wiederkehrende Frage: *¿Cuánto cuesta esto?* Und wenn es zu teuer ist: *es muy caro.* Soll es aber neumodisch sein, dann *a la última moda.* Und wenn die Farbe nicht paßt: *el color no me gusta.* «Wieviel schulde ich Ihnen?» = *¿Cuánto le debo?*

Und wenn Sie durch eine Stadt, *una ciudad*, spazieren, dann durchlaufen Sie natürlich die Straßen: *las calles*. Und was müssen wir sehen? Natürlich den Markt: *tenemos que ver el mercado. El museo, los museos* sind meistens auch auf dem Programm. Auf jeden Fall suchen wir oft *Correos* = das Postgebäude. Wenn man über ein Denkmal Bescheid haben will, dann muß man fragen: *¿Qué representa esta estatua*, oder *este monumento?*?

Während wir durch die Stadt schlendern, lernen wir das spanische Sprichwort: *Todas las calles van a la plaza*. Wörtlich: «Alle Straßen führen zum Hauptplatz», d. h. «Alle Wege führen nach Rom».

Um uns nicht zu sehr zu beeilen, denken wir daran, daß *andando despacio se va lejos* = wenn man langsam geht, geht man weit. Und wenn wir an einem Schalter allzulange warten müssen, dann denken wir eben, daß *con paciencia se gana el cielo* = mit Geduld gewinnt man den Himmel.

Für Ihre Geduld sagen aber für diesmal die zwei Schulmeister *mil gracias*. Repetieren ist nie sehr lustig, und Sie haben es mit Glanz überstanden und hoffentlich auch bestanden. Hier noch die Auflösungen der Aufgaben. Zunächst die mündliche:

1. *Lunes, martes, miércoles, jueves, viernes, sábado y domingo.*
2. *Me siento, te sientas, se sienta, nos sentamos, os sentáis, se sientan. – Puedo, puedes, puede, podemos, podéis, pueden.*
3. *Por eso, de repente, como, si.*
4. *Este, aquel.*
5. *Cuándo, cuánto.*
6. *¿Qué hora es? – Son las dos.*

Die 10 Sätze lauten auf spanisch:

1. *El gitano joven canta una canción andaluza.*
2. *Los españoles duermen poco y madrugan (se levantan pronto).*
3. *La travesía a Mallorca dura ocho horas.*
4. *¿Cómo se reconoce al señor Pérez?*
5. *Das las maletas al mozo (maletero).*
6. *Hoy por la mañana la familia va a la playa.*
7. *Me gusta el café con leche; no me gusta el chocolate.*

8. *Por la noche vemos en el cielo las estrellas y la luna.*
9. *El padre y el hijo compran tarjetas postales y sellos.*
10. *Los pasajeros han bajado a tierra.*

Seien Sie uns nicht böse. Das nächste Mal werden wir weniger schulmeisterlich sein und wieder miteinander auf die Reise gehen. *Hasta pronto.*

Dolores dice la madre, ¿quieres venir con nosotros a Alemania? Ob Dolores nach Deutschland will? Dieses Gespräch, *esta conversación,* hat schon acht Tage nach der Ankunft in Mallorca stattgefunden. *Y la criada responde que sí* (ja sagen = *decir que sí*).

Doch hat sie sofort hinzugefügt: *pero tengo a mi novio Antonio.* Was dieses *a* hier verloren hat? Es gehört, wie Sie wissen, zum Akkusativ, dieser bezieht sich auf eine bestimmte Person, und es wäre deshalb ein Fehler, *sería una falta,* das *a* wegzulassen.

El novio es carpintero (der Bräutigam ist Zimmermann) und würde auch im Ausland Arbeit finden und könnte später nachkommen. Dieser frohe Ausblick tröstet Dolores über die vorläufige Trennung, und die nötigen Schritte zu ihrer Abreise werden unternommen.

Pedrito spottet zwar nach Bubenart, eine Bratkartoffeln kochende Dolores könne er sich nicht vorstellen! Und doch wird es noch soweit kommen. Ganz ohne Einwände allerdings nicht.

Pero mi novio tiene miedo (Angst) *de que en el extranjero* (im Ausland) *le exploten* (ihn ausnützen). *Ello parece ser, desgraciadamente, que ya ha ocurrido* (das soll leider schon vorgekommen sein) *y ahora desconfía* (und jetzt ist er mißtrauisch).

Antonio está conforme (einverstanden) *con que Dolores se vaya con los señores, con la condición* (unter der Bedingung) *de que él irá* (Zukunft von *ir*) *más tarde.* Also, Dolores mag mit der Herrschaft gehen, und er wird später nachkommen.

Dolores hat schon sehr viel über Deutschland gehört, *Dolores ha oído ya muchas cosas sobre Alemania,* und rühmt dieses Land. Sie ist stolz, ins Ausland fahren zu dürfen, *está orgullosa de tener permiso para viajar al extranjero.*

Nach einigen Wochen ist es soweit. Man denkt an die Rückfahrt, *la vuelta.* Ein ganzes Bataillon von Verwandten steht am Hafen, um sich von Dolores zu verabschieden, *todo un batallón de parientes se encuentra en el puerto para despedirse de Dolores.*

Man weint und weint, *se llora y se llora*. (*Se* = man, wird meistens für die passive Form gebraucht: *se llora* = es wird geweint. Die leidende Form wird auch durch die 3. Person Mehrzahl ausgedrückt, also: *lloran* = sie weinen, es wird geweint).

¿Nos escribirás mucho? Wirst Du uns oft = *mucho* schreiben? rufen die Verwandten. *Cúidate mucho, hija mía,* schreit die Mutter (hüte dich, meine Tochter). *Mira que por esos mundos de Dios* (gib acht, daß in den Welten Gottes = Ausland) *hay muy malos hombres* (es sehr schlechte Menschen gibt).

Eine Tante bringt ein Paket: *aquí tienes este jersey para que te abrigues* (hier hast Du einen Pullover, um dich vor Kälte zu schützen). Und sie fügt beschwichtigend hinzu: *porque esa Alemania debe ser muy bonita* (denn =weil dieses Deutschland soll sehr schön sein), *pero dicen que hace mucho frío* (aber man sagt, daß es sehr kalt ist).

«Que no te vayas con otros» droht der Bräutigam (daß Du mir nicht mit einem anderen gehst). *«Tampoco a bailar»* (auch nicht zum Tanzen).

Dolores möchte die Entrüstete spielen, aber es gelingt ihr nicht aus Zeitmangel, *por falta de tiempo,* denn schon ruft ihr Vater: *ahorra mucho para la dote* (spare viel für die Aussteuer).

Endlich kommt der kritische Augenblick der Trennung, *final-*

se llora

mente viene el momento crítico de la separación: man beginnt lauter zu schluchzen, umarmt sich und küßt sich ausgiebig zum letzten Mal. Denn für eine *mallorquina* ist schon eine Reise nach Barcelona, was für uns eine Reise nach Amerika.

Dolores schmilzt in Tränen und macht somit ihrem Namen alle Ehre, denn Dolores bedeutet nichts anderes als Schmerzen. Unterdessen hat sich unsere Familie auch gebührend vom lieben Herrn Juan Pérez verabschiedet, und alle sind an Bord gegangen, *y todos han subido a bordo.*

Sie schauen hinunter auf eine Wolke von winkenden Taschentüchern, während eine melancholische Melodie aufsteigt:

Adiós con el corazón,
Adieu mit dem Herzen,
que con el alma no puedo.
denn mit der Seele kann ich nicht.
Y *al despedirme de tí*
Und wenn ich mich von dir verabschiede,
con el alma me muero.
sterbe ich seelisch.
Tú serás el bien de mi vida,
Du wirst das Gut meines Lebens sein,
tú serás el bien de mi alma,
Du wirst das Gut meiner Seele sein,
tú serás el pájaro pinto
Du wirst der buntgefleckte Vogel sein,
que alegre canta por las mañanas.
der fröhlich in den Morgen singt.

Vorerst weint unser *«pájaro pinto»*, doch die Tränen werden bald vom Meerwind und den neuen Eindrücken verwischt.

Da unsere Familie Barcelona schon kennt, ist der Aufenthalt in dieser Stadt nur sehr kurz; immerhin kommt Dolores nicht mehr aus dem Staunen. An sich hat man nicht den Eindruck, *no se tiene la impresión,* daß sie die Katalanen besonders mag. Die übrigen Spanier finden sie bekanntlich allzu tüchtig, und sie zitiert uns einen Spruch:

Barcelona es buena,
Barcelona ist gut,
si la bolsa suena.
wenn der Beutel klingt.
Suene o no suene,
Ob er klinge oder nicht,
Barcelona es buena.
ist Barcelona gut.

Nun sitzen alle in einer *bodega* und beraten, ob sie noch einen kleinen Abstecher machen sollen oder nicht. Die Mutter möchte unbedingt das Kloster von Montserrat besuchen, von dem sie schon so schöne Aufnahmen gesehen hat.

Der Vater aber hat einen spanischen Bestseller, «Die Zypressen glauben an Gott» von José María Gironella gelesen. «*Los cipreses creen en Dios*» erzählt von der Treppenstadt Gerona, und die möchte er unbedingt sehen. *¿Lo ha leído usted en español?* fragt Dolores ungläubig. Nein, das Buch ist in neun Sprachen übersetzt worden. *No, el libro ha sido* [= ist worden] *traducido en nueve idiomas,* und allein die Verfilmungsrechte in Amerika haben dem Autor einen Haufen Dollars eingebracht. Eigentlich sollte es eine Trilogie werden, welche das Warum, das Wie und die Folgen des spanischen Bürgerkrieges objektiv schildert.

Gerona es el escenario del libro. Und diese Stadt bietet wahrhaftig imposante Kulissen dazu. Die bewundern wir jetzt, denn, als gutes Ehepaar, *como buen matrimonio,* haben unsere Eltern sich entschlossen, beide nachzugeben, *a ceder los dos.* Man wird also zuerst nach Gerona, und dann nach Montserrat fahren. Zwar ist es ganz verrückt, zuerst nach Gerona zu fahren, denn dann müssen wir denselben Weg zurückgehen, *porque después tenemos que retroceder por el mismo camino,* aber unser Vater ist ein Dickschädel, *pero nuestro padre es muy testarudo.*

Nun gut, wir wollen nicht streiten, *no queremos reñir.* Aber während man auch auf die höchste Felsenspitze des Montserrat fahren kann, muß man die vielen Treppen, *escaleras,* von Gerona zu Fuß steigen, *subir a pie.* Die vielen malerischen Winkelchen und imposanten Bauten entschädigen uns ausgiebig für diese Mühe.

Dazu lassen wir uns erzählen, wie diese Stadt einst durch die Fliegen, *las moscas*, gerettet wurde. Haben wir richtig gehört? *¿Hemos oído bien?* Doch, doch, wenn schon das antike Rom von den kapitolinischen Gänsen gerettet werden konnte, warum sollte nicht der heilige Narziß, der Schutzpatron dieser Stadt, sich der Fliegen bedienen, um die Belagerung durch Karl den Kühnen abzuwimmeln?

Also nicht nur bei Grandson, Murten und Nancy, nein, der Tapfere wurde auch bei Gerona von einem Schwarm wütender Fliegen, *moscas furiosas*, und Mücken, *mosquitos*, besiegt, als sein Heer eben beinahe den Sieg davon getragen hätte. *San Narciso* muß ein sehr humorvoller Heiliger sein, trotz seines selbstgefälligen Namens.

Doch was macht jetzt unsere Dolores? Sie nähert sich einem Bettler, *se acerca a un mendigo*, und gibt ihm eine Münze, *moneda*. Dabei sagt sie laut: «*Hermano, perdona*» (Bruder, verzeih!).

Wir staunen, nur der Vater sagt nach einer Weile nachdenklich: es stimmt doch, was der italienische Philosoph Sciacca neulich in Spanien sagte: «*Para formar una civilización bastan veinticinco años* (um eine Zivilisation aufzubauen, genügen fünfundzwanzig Jahre); *para formar una cultura se necesitan siglos* (um eine Kultur aufzubauen, braucht man Jahrhunderte).

Un cordial saludo hasta la próxima vez.

Wir haben in der 13. Lektion gelernt:

FUTURO = ZUKUNFTSFORM

Die Bildung ist sehr einfach: man nimmt den Infinitiv, die Grundform, und folgende Endungen:

cantar-	1.	*-é*
vender-	2.	*-ás*
partir-	3.	*-á*
ser-	4.	*-emos*
ir-	5.	*-éis*
usw.	6.	*-án*

Unregelmäßig: *decir* (sagen) — *diré, hacer* (machen) — *haré, poder* (können) — *podré, saber* (wissen) — *sabré, querer* (lieben, wollen) — *querré, salir* (fortgehen, abreisen) — *saldré, venir* (kommen) — *vendré, tener* (haben, besitzen) — *tendré.*

WICHTIGSTE NEUE WÖRTER:

la conversación	Gespräch
decir que sí	ja sagen
la falta	Fehler
tener miedo	befürchten
en el extranjero	im Ausland
explotar	ausnützen
desgraciadamente	leider
ocurrir	vorkommen
desconfiar	mißtrauen
estar conforme	einverstanden sein
con la condición	unter der Bedingung
oir	hören
sobre	über
orgulloso, -a	stolz
tener permiso	dürfen
la vuelta	Rückreise
los parientes	Verwandte
despedirse de	sich verabschieden
llorar	weinen
cuidarse	sich hüten
el jersey	Pullover
abrigarse	sich zudecken (mit Kleidern)
deber	sollen, müssen

hace frío	es ist kalt
tampoco	auch nicht
ahorrar	sparen
la dote	Aussteuer
la separación	Trennung
subir a bordo	an Bord gehen
el pájaro	Vogel
pinto, -a	buntgefleckt
tener la impresión	den Eindruck haben
el ciprés	Zypresse
leer	lesen
el matrimonio	Ehepaar
ceder	nachgeben
retroceder	zurückgehen
el camino	Weg
reñir	streiten
la escalera	Treppe
a pie	zu Fuß
la mosca	Fliege
el mosquito	Mücke
furioso, -a	wütend
acercarse	sich nähern
la moneda	Münze
el hermano	Bruder
perdonar	verzeihen
el siglo	Jahrhundert

Después de la escapada a Gerona hemos llegado al legendario Montserrat (nach dem Abstecher nach Gerona sind wir beim legendären Montserrat angekommen). Wenn es auch nur eine Legende ist, *aunque sólo sea una leyenda,* daß der heilige Berg, *que la montaña santa,* den «Gral» aufbewahrt hat, so könnte man sich keinen würdigeren Ort dafür vorstellen, als dieses gewaltige Felsmassiv.

Seine einzelnen Felskuppen tragen Namen wie Totenkopf, *calavera,* die Flöten, *las flautas,* St. Bernhards Pferd, *el caballo de San Bernardo,* und der verzauberte Riese, *el gigante encantado,* sind alle legenden- und fluchbeladen, so daß das Ganze als ein einziges steinernes Drama erscheint, *que representa la lucha de los ángeles contra los demonios* (welches den Kampf der Engel gegen die Dämonen darstellt).

Und tatsächlich erzählt uns Dolores die Legende einer gottlosen Stadt, *y, efectivamente, Dolores nos cuenta la leyenda de una ciudad impía,* welche in der Ebene stand, *que se hallaba en la llanura.*

Da riß sie der Herr aus der Erde, *entonces el Señor la arrancó de la tierra,* und schleuderte sie in die Luft, *lanzándola al aire* (= sie schleudernd), so daß die Stadt sich selbst begrub, *de tal modo que quedó sepultada por sí misma.*

Dann kamen die Engel, mit goldenen Sägen, *luego vinieron los ángeles con sierras de oro,* und sägten einen Altar für die Königin des Himmels, auf daß der Berg heilig sei und zur Sühne der Sünden diene.

Wenn die Geologie auch anderer Meinung ist, so gibt es doch seit 900 Jahren eine Pilgerstraße dorthin. Heutzutage sind natürlich die Maulesel, die den Pfad mühsam erklommen, durch Autobusse, Zahnradbahn und sogar Schwebebahn ersetzt worden, *naturalmente que hoy en día, los mulos que subían penosamente el sendero han sido reemplazados por autobuses, un tren de cremallera e incluso un transbordador aéreo.*

Und statt, *en lugar de,* frommen Pilgern, sieht und hört man Touristen, die eher nach *recuerdos* als nach Gnaden, *gracias,* jagen, besonders die Touristinnen, die oft ihre Blößen allzu freigebig zeigen und von den Klosterleuten mit roten Capes pietätvoll zugedeckt werden müssen, auf daß die schwarze Madonna, *la «Moreneta»* nicht erröte.

Muchas cosas han cambiado (es hat sich eben vieles geändert), seit der Abt Olivia im Jahre 1025 nach der Auffindung der *Moreneta* in einer von seltsamem Licht umstrahlten Höhle dort eine Kirche gründete, weil die kleine, aber willensstarke Moreneta plötzlich ganz schwer, *pesada,* wurde, als man sie forttragen wollte, und damit zu verstehen gab, daß sie hier zu bleiben wünschte.

Das Bild aber, erzählen die Gläubigen, *cuentan los creyentes,* war vom Apostel Lukas geschnitzt und vor den Mauren so gut versteckt worden, daß man es nie gefunden hätte, *que no se habría encontrado nunca,* wenn es sich nicht selbst aus der Versenkung gehoben hätte und einigen Hirten erschienen wäre, *si no se hubiese aparecido a unos pastores.*

Während im Kirchenraum die Chorbuben *Rosa de Abril* ihrer Moreneta singen, rasen zahlreiche hupende Fahrzeuge zum ehemaligen Ort der Stille und der Einsamkeit. Immer noch stehen 800 Betten den Pilgern zur Verfügung, *ochocientas camas se hallan hoy todavía a disposición de los peregrinos.* Zu diesen Pilgern gehörten früher Könige und Päpste. Sie zogen sich hier zur stillen Einkehr zurück.

Einkehren tun allerdings auch unsere Touristen in den guten *restaurantes,* die oben seither aufgemacht wurden. *Allí escriben pintorescas tarjetas postales* (dort schreiben sie malerische Postkarten), bevor sie mit der Schwebebahn auf die oberste Spitze des Massivs fahren, um das fünffach zurückhallende Echo auszuprobieren, *para probar el eco reflejado cinco veces.*

Von hier aus ist übrigens die Aussicht herrlich, denn an klaren Tagen sieht man über ganz Katalonien, *pues, en los días claros, se ve todo Cataluña,* das Land, dessen Schutzpatronin die Moreneta ist. Trotz allem Lärm und Tourismus ist unsere Familie tief beeindruckt vom Montserrat, *nuestra familia está profundamente impresionada de M.,* dem steinernen Titanen, und der Vater sagt nachdenklich: Goethe hat kurz vor seinem Tod geschrieben: «Nirgendwo wird der Mensch Glück und Frieden finden, wenn nicht in seinem eigenen Montserrat», *«En ninguna parte encontrará el hombre felicidad y paz, si no es en su propio Montserrat».*

Y la felicidad de Montserrat hat auch unsere Familie ergriffen, denn eine geschäftliche Unterredung des Vaters ergab erfreulicherweise, daß er unbedingt für seine Firma nach Madrid fahren muß, und er beschließt selbstverständlich, die Familie inklusive Dolores mitzunehmen.

Wie sie am Abend bei einem erfrischenden *gazpacho,* das ist eine kalte, aus Andalusien stammende Suppe, zusammensitzen, zieht der Vater eine Landkarte, *un mapa,* hervor und beginnt mit einem roten Kugelschreiber, *un bolígrafo rojo,* die Reiseroute, *la ruta,* einzuzeichnen.

Die Reise unserer Familie wird vom Montserrat hinunter zunächst nach Zaragoza, der Hauptstadt Aragoniens, führen, der alten

Caesaraugusta, da sie von Kaiser Augustus gegründet wurde. Von dort aus werden wir unsere Familie nach Madrid, der Hauptstadt Spaniens, *la capital de España,* begleiten, und wenn das Geschäftliche erledigt ist, uns ein paar Tage dem Tourismus widmen.

Dolores ist natürlich entzückt, noch so viel von ihrer Heimat zu sehen und so viel schöne *tarjetas postales* nach Hause zu schreiben, bevor sie in die Fremde zieht. Die Kinder aber jubeln: «Noch eine Woche Spanien!» = *¡Aún una semana en España!* Am nächsten Tag, *al día siguiente, después del desayuno,* heißt es weiterfahren.

Vorher muß aber Dolores Reiseproviant, *merienda para el viaje,* besorgen. Sie bestellt unter anderem im Hotel ein typisch spanisches Picknick: *tortilla a la española,* d. h. Omelette nach spanischer Art, welche bei keiner Reise fehlen darf. Was ist das? Rohe Kartoffeln werden in winzig kleine Stücke geschnitten und in Öl gebacken. Wenn sie gar sind und wie Miniatur-pommes frites aussehen, werden sie mit gequirlten Eiern übergossen, wobei man sie mit der Eiermasse vermischt. Es entsteht dabei ein goldgelber runder Eierkuchen. *¡Buen provecho!*

Wir haben in der 14. Lektion gelernt:

WICHTIGSTE NEUE WÖRTER:

la escapada	Abstecher	*el mulo*	Maulesel
legendario, -a	legendär	*penosamente*	mühsam (Adv.)
la leyenda	Legende	*el sendero*	Pfad
aunque	obschon	*reemplazar*	ersetzen
la montaña	Berg	*en lugar de*	statt
santo, -a	heilig	*cambiar*	ändern,
el caballo	Pferd		wechseln
representar	darstellen	*pesado, -a*	schwer (Gewicht)
contra	gegen	*unos, -as*	einige
hallarse	sich befinden	*vez, veces*	Mal, -e
hallarse	zur Verfügung	*impresionar*	beeindrucken
a disposición	stehen	*propio, -a*	eigen
la llanura	Ebene	*la felicidad*	Glück
entonces	da, dann	*el mapa*	Landkarte
arrancar	ausreißen	*el bolígrafo*	Kugelschreiber
lanzar	schleudern	*la ruta*	Reiseroute
de tal modo	so daß	*la capital*	Hauptstadt
la sierra	Säge	*la tortilla*	Omelette

DIE ZAHLWÖRTER VON 200 BIS 900 haben auch eine weibliche Form:

doscientos,	*-as*	*seiscientos,*	*-as*
trescientos,	*-as*	*setecientos,*	*-as*
cuatrocientos,	*-as*	*ochocientos,*	*-as*
quinientos,	*-as*	*novecientos,*	*-as*

Also: 500 Peseten = *quinientas pesetas.*

EINE NEUE VERGANGENHEITSFORM: das sog. *pretérito perfecto absoluto,* die «fertige Vergangenheit». Das Spanische kennt fünf verschiedene Vergangenheitsformen, die nach genauen Regeln verwendet werden. In unserem kleinen Anfängerkurs können wir Ihnen all diese Regeln nicht zumuten, aber Sie sollten doch wenigstens das *pretérito perfecto absoluto* der regelmässigen Verben kennen — hier sind die drei Beispiele (auf *-ar, -er* und *-ir,* wie gewohnt):

cant-ar = singen	*vend-er* = verkaufen	*part-ir* = teilen, abreisen
cant-é = ich sang	*vend-í* = ich verkaufte	*part-í* = ich teilte
-aste	*-iste*	*-iste*
-ó	*-ió*	*-ió*
-amos	*-imos*	*-imos*
-ásteis	*-ísteis*	*-ísteis*
-aron	*-ieron*	*-ieron*

el caballo y el mulo

Hat Ihnen, liebe Leser, die *tortilla* geschmeckt? *¿Les ha gustado la tortilla?* Wie wir Ihnen schon sagten, ist sie der häufigste Reiseproviant des Spaniers. Es kommt oft vor, daß der Mitreisende in einem Eisenbahnzug Ihnen ein Stück *tortilla* anbietet: *ofrece un pedazo de tortilla.* Er fragt: *¿Gusta?,* worauf der Angeredete meistens höflich verneint, indem er behauptet, er habe gerade gegessen. *Muchas gracias, acabo de comer.*

Bietet Ihnen aber der Mitreisende etwa spanischen Rohschinken, *jamón serrano* (eigentlich Gebirgsschinken) an, dann probieren Sie unbedingt diese Herrlichkeit, *entonces pruebe usted imprescindiblemente esta delicia.*

Warum er Gebirgsschinken heißt? Weil er zuerst in Salz getaucht und dann im Schnee vergraben wird. Nun ist Schnee aber nur im Gebirge zu finden = *en la sierra;* denn die *sierra,* ursprünglich die Säge, wurde zum zackigen Gebirgsmassiv und Gebirge im allgemeinen.

Nachdem der Schinken ausgegraben ist, wird er, wie das sogenannte Bündnerfleisch, an die Luft zum Trocknen gehängt, und wie Bündnerfleisch ist er nicht billig, weil er viel von seinem Gewicht, *de su peso,* einbüßt. Die 5-Kilo-Dosen, *las latas de cinco kilos,* sollen in Amerika 40 Dollar kosten!

Man ißt diese Spezialität zum Gabelfrühstück, als Apéritif und natürlich in Form von Sandwiches, *bocadillos de jamón.* Die Nachfrage, *la demanda,* ist so groß, daß die spanische Schweineproduktion kaum nachkommt, obwohl jedes Jahr zu Martini, *el once de noviembre,* Tausende von Schweinen geschlachtet werden.

A todos los cerdos les toca su San Martín, sagen die Spanier, «für alle Schweine kommt einmal der Martinitag», das bedeutet: jeder muß einmal seine Rechnung begleichen, früher oder später.

Und weil Esel und Schwein eine solche Rolle in Spanien spielen, lernen wir jetzt eine Fabel, in der beide Tiere vorkommen:

El asno y el cochino

Envidiando la suerte del cochino
un asno maldecía su destino.
«Yo, decía, trabajo y como paja;
él come harina, berza y no trabaja.
A mí me dan de palos cada día;
a él le rascan y halagan a porfía».
Así se lamentaba de su suerte;
pero luego que advierte
que a la pocilga alguna gente avanza,
en guisa de matanza,
armada de cuchillo y de caldera,
y que con maña fiera
dan al gordo cochino fin sangriento,
dijo entre sí el jumento:
Si en esto para el ocio y los regalos,
al trabajo me atengo y a los palos.

Der Esel und das Schwein

Indem er das Glück des Schweins beneidete,
verfluchte ein Esel sein Schicksal.
Ich – sagte er – arbeite und fresse Stroh;
es frißt Mehl, Kohl und arbeitet nicht.
Mich verprügelt man jeden Tag;
es wird gekrault und um die Wette gelobt.
So beklagte er sich über sein Schicksal,
aber später merkt er,
daß sich dem Schweinestall einige Leute nähern
mit der Absicht einer Hausschlachtung,
bewaffnet mit Messer und Kochkessel,
und die mit grausamer Handfertigkeit
dem dicken Schwein ein blutiges Ende bereiten,
da sagte zu sich selbst der Esel:

Wenn so Müßiggang und Nichtstun enden,
dann halte ich mich an Arbeit und an Prügel.

Doch lassen wir die Fabeltiere und kehren zum Picknick zurück, das Dolores bestellt hat; da sind die Schweine nur in Form von verschiedenen schmackhaften Würsten vorhanden. Alles ist eingepackt, unsere Fahrt nach Madrid kann beginnen, *todo está empaquetado y nuestro viaje a Madrid puede empezar.*

Wir verlassen das reiche Katalonien, *la rica Cataluña,* nicht umsonst die spanische Schweiz genannt, und fahren durch eine der ödesten Gegenden Spaniens, eine eigentliche Wüste, *un verdadero desierto: los Monegros.* Diese Gegend, *esta región,* soll nächstens in einen Obstgarten, *un verjel,* verwandelt werden, und riesige Bewässerungsanlagen sind schon gebaut worden.

Schon nähern wir uns Zaragoza, *ya nos aproximamos a Zaragoza,* der Hauptstadt des alten Königreiches von Aragonien, *la capital del antiguo reino de Aragón,* einem der mächtigsten Reiche des Mittelalters und Heimat weltberühmter Spanier, *y patria de españoles famosos mundialmente.*

Diese ruhmreiche Stadt hat der Belagerung durch die besten Marschälle Napoleons getrotzt. Zu jenen Zeiten kostete eine Ratte eine Goldmünze, *una rata costaba una moneda de oro,* so groß war die Hungersnot.

Und da der Hunger die Stadt nicht bezwang, ließen die Franzosen die Wasserleitungen abschneiden. Da brach die Pest aus, und die entvölkerte Stadt mußte sich ergeben. Doch es war eine eigenartige Niederlage, bei der die Sieger die Besiegten mit einer Ehrenkompagnie ehrten.

el asno y el cochino

Waren Sie, liebe Leser, schon in Paris? Und haben Sie den Arc de Triomphe gesehen? *¿Y han visto ustedes el Arco de Triunfo?* Dort ist das Wort *Saragosse* mit goldenen Lettern eingraviert. Und haben Sie schon den Namen *Agustina Zaragoza* gehört, dieser spanischen Stauffacherin?

Wir wollen unseren Leserinnen die romantische Geschichte dieser Heldin nicht vorenthalten. In Zaragoza gab es keine Soldaten mehr, denn sie waren alle gefallen; nur noch spärliche Zivilisten verteidigten die Stadt, bis kein Schuß mehr fiel und die Franzosen einziehen wollten.

Da rannte *Agustina* zur Stadtmauer und fand ihren Geliebten tot über dem Lauf der Kanone liegen, die er abfeuern sollte, und in seiner Hand brannte noch die Zündschnur, die er benützen wollte.

Da ergriff sie Agustina und zündete damit sämtliche Kanonen an, was dem einziehenden Feind großen Schaden zufügte. Sie aber ging in die Geschichte und in die Literatur ein, wie Dolores beweist, die eben stolz einige Verse zitiert:

El artillero cayó,
sucedióle el paisano,
sucumbió éste y en su mano
la mecha aún no se apagó.
¿Quién la podrá recoger
y la lucha continuar?
No hay por qué desesperar,
aún queda allí una mujer.
Si el plomo su cuerpo roza
silbando en negra tormenta,
no por eso se amedrenta
Agustina Zaragoza.

Der Schütze fiel,
es folgte ihm der Zivilist,
dieser kam auch um das Leben
und in seiner Hand erlosch die Zündschnur
noch nicht.

Wer wird sie übernehmen können
und den Kampf fortsetzen?
Man braucht nicht zu verzweifeln,
noch bleibt dort eine Frau.
Wenn auch der Schrot ihren Leib streift
und zischt im dunklen Gewitter,
so läßt sich A. Z. nicht einschüchtern.

Und mit dem Namen der Heldin auf den Lippen der begeisterten Dolores fahren wir in die gleichnamige Stadt ein. *Hasta la vista.*

Wir haben in der 15. Lektion gelernt:

WICHTIGSTE NEUE WÖRTER:

el pedazo	Stück	*la suerte*	Glück, Schicksal
acabar de	soeben etw.	*la harina*	Mehl
+ Inf.	getan haben	*cada día*	jeden Tag
el jamón	Schinken	*la caldera*	Kochkessel
probar (ue)	probieren	*empaquetar*	einpacken
la sierra	Säge, Gebirge	*empezar (ie)*	beginnen
el peso	Gewicht	*verdadero, -a*	wahrhaftig
la lata	Dose, Büchse	*el desierto*	Wüste
el bocadillo	Sandwich	*el verjel*	Obstgarten
la demanda	Nachfrage	*famoso, -a*	berühmt
el cerdo	Schwein	*apagarse*	erlöschen
el cochino		*la lucha*	Kampf
envidiar	beneiden	*quedarse* *	bleiben

* Ausnahmsweise in unserem Gedicht nicht rückbezüglich verwendet.

Agustina

Entramos en la ciudad de Zaragoza atravesando el Ebro sobre un puente romano = wir fahren nun über eine römische Brücke über den Ebro in die Stadt Saragossa hinein und kommen auf den Hauptplatz, *y llegamos a la plaza principal.*

Interessant, sagt die Mutter, zwei Kathedralen auf einem einzigen Platz. Treten wir in die erste ein, die das Nationalheiligtum Spaniens ist, *el santuario nacional de España,* die Basilika der *Nuestra Señora del Pilar* = unserer lieben Frau vom Pfeiler, denn *pilar* heißt Pfeiler, und das ist eine lange Geschichte.

Als der Apostel Jakobus der Ältere die noch heidnischen Stämme der Iberer zum Christentum bekehren wollte, *cuando Santiago el Mayor quiso convertir al Cristianismo las tribus de iberos aún paganas,* gelang es ihm trotz größter Mühe nicht.

Eigensinnig verblieben die alten Iberer bei ihren Götzenopfern. Da ging Jakobus entmutigt zum Ebrostrand und begann bitterlich zu weinen, *y empezó a llorar amargamente.*

Und während er schluchzte, erschien ihm die Gottesmutter: sie saß auf einem Pfeiler, *estaba sentada sobre un pilar,* und war von tausend lieblichen Englein umgeben.

Mitfühlend fragte sie ihn, warum er denn so weine, *compasiva le preguntó por qué lloraba él así,* und er erzählte ihr seinen Kummer.

«Sei unbesorgt» — antwortete darauf unsere liebe Frau —, «ich bringe Dir diesen Pfeiler, auf dem Du eine Kirche bauen wirst», *«No te preocupes — respondió a ello la Virgen —, te traigo este pilar sobre el que edificarás una iglesia».* «Dann wird sich das Volk bekehren und mich an diesem Ort am meisten verehren».

Natürlich existiert dieser Pfeiler heute noch, und die Gläubigen verehren ihn als Geschenk des Himmels. So wurde die *Nuestra Señora del Pilar* zum größten Wallfahrtsort Spaniens, *el principal centro de peregrinaciones de España.*

König Alfons XII. gab der Madonna del Pilar den militärischen Rang eines Generalfeldmarschalls der spanischen Armee, und die Fremden, die am 12. Oktober, *el doce de octubre,* dem Tag der Entdeckung Amerikas, *el día del descubrimiento de América* und *fiesta de Nuestra Señora del Pilar,* sich in Zaragoza befinden, sollen nicht staunen, wenn sie sie mit dem Ordensband eines spanischen Generals geschmückt sehen; es ist ihr Recht.

Sie hat sich schließlich auch revanchiert, denn als im spanischen Bürgerkrieg drei Bomben auf ihre Kirche fielen, *cuando en la guerra civil española cayeron tres bombas en su iglesia,* durchlöcherten sie wohl die Mauern, doch sie explodierten nicht, und diejenige, die vor das Portal fiel, zeichnete sogar ein Kreuz.

Auf jeden Fall ist sicher auf spanischem Boden nie einer lebenden Frau soviel Huld entgegengebracht worden, denn alle Persönlichkeiten, die sie besuchen, bringen ihr ein persönliches Geschenk, *pues todos los personajes que la visitan le llevan un regalo personal.*

Sarasate legte ihr seine Stradivarius-Geige zu Füßen, Evita Perón nahm ihre kostbaren Ohrgehänge ab, *sus valiosos pendientes,* die großen *toreros* schenkten ihr die Mäntel, *los capotes,* die sie bei ihren großen Siegen in der Arena erfochten, und weltberühmte Sänger wie Caruso und der frühverstorbene Miguel Fleta verlangten, *a puerta cerrada* = bei geschlossener Pforte für sie allein singen zu dürfen.

Das prachtvollste Geschenk ist aber die *corona,* der riesige Kranz aus Brillanten, an dem alle Frauen Spaniens mitgewirkt haben.

y empezó a llorar amargamente

Wie gebannt schauen unsere Damen auf die prächtigen Juwelen, *las suntuosas joyas*. Nur Dolores, die praktische *criada*, wendet ihren Blick vom Glanz der Juwelen zum Fußboden und zu den Putzerinnen, *al suelo y a las mujeres de la limpieza.*

Diese Frauen verwenden riesige Besen und nasses Sägemehl, *estas mujeres emplean escobas enormes y serrín mojado.* Zuerst fegt eine Frau mit dem *serrín* den ganzen Boden, *todo el suelo,* anschließend kommen die Frauen, die mit Wasser, Seife und Lappen den Boden aufwaschen, *que friegan (fregar,* das *e* wird *ie) el suelo con agua, jabón y bayetas,* dann wird er noch mit klarem Wasser gewaschen, *es aclarado aún,* bis er blitzblank ist und fast so glitzert wie die Juwelen der *corona, y casi reluce tanto como la corona.*

Dolores murmelt nachdenklich: Mein Gott, müssen diese Frauen arbeiten! *¡Dios mío, cuánto tienen que trabajar estas mujeres!* Die Familie tröstet sie, denn die Räume, die sie im fremden Land zu putzen haben wird, werden nicht so groß sein wie die Kirche del Pilar.

Beim Hinausgehen, *al salir,* erklärt man ihr, daß auch kein Sägemehl verwendet wird, sondern ein «Flaumer», ein Blocher und Bohnerwachs, *sino unos zorros, un cepillo para sacar lustre y cera para el suelo.*

Vor allen Dingen werden die Böden aus Holz sein, und ab und zu braucht man Stahlwolle, um sie zu reinigen. Wolle aus Stahl?

¿Lana de acero? Das versteht sie nicht und bricht in ein schallendes Gelächter aus. Endlich stellt sich heraus, daß Stahlwolle im Spanischen nur *virutas de acero* heißt, also nicht Wolle, sondern Späne.

Nun hätte man vor lauter Putzgesprächen fast die Hauptsache vergessen, und es ist gut, daß der Vater ehrfurchtsvoll alle daran erinnert, daß hier noch die Fresken von Goya zu sehen sind, *que allí se pueden ver aún los frescos de Goya.*

An manchen Tagen des Jahres gibt es allerdings noch etwas Eigenartiges zu sehen, das Goya vielleicht gerne gemalt hätte, nämlich die buckligen Domherren.

Haben wirklich alle einen Buckel? fragt Pedrito. *¿Tienen de verdad todos ellos una joroba? pregunta Pedrito.*

Nein, antwortet lachend der Führer, *no, responde, riendo el guía,* sie müssen zur Strafe einen künstlichen Buckel tragen, laut einer päpstlichen Verordnung, die aus dem Mittelalter stammt, *que data de la Edad Media.*

Damals gab es wirklich einen buckligen Domherrn, den die Mitbrüder immer auslachten. Der arme Bucklige litt sehr darunter, und als er genug Spott einkassiert hatte, beschwerte er sich beim Papst.

Dieser fand den Spott sehr ungehörig und verordnete, daß die spöttischen Domherren von Saragossa zur Strafe bei den hohen Feierlichkeiten alle einen künstlichen Buckel zu tragen hätten, sie und ihre Nachfolger, bis heute.

Doch will jetzt unsere Familie noch den weltlichen Teil der Stadt sehen. Da ist das alte arabische Schloß *La Aljafería,* welches zuletzt von Ferdinand und Isabella von Aragonien bzw. Kastilien bewohnt wurde.

Der Thronsaal ist mit dem ersten Gold, das aus Amerika kam, geschmückt worden, *el salón del trono está adornado con el primer oro que llegó de América,* und dieser Prunkbau ist der Hintergrund von Verdis «Troubadour» geworden.

Aragón ist aber auch die Heimat der *Jota,* des Tanzes, der fünf Jahre lang den internationalen Preis als bester Volkstanz bekam. Die berühmte Tänzerin «Fornarina», die in den Zwanzigerjahren in Paris tanzte, behauptet, daß die Jota der wildeste Tanz der Welt sei = *que la jota es el baile más bravío del mundo.* Wild, weil er mehr in der Luft als auf dem Boden getanzt wird. Denn der Aragonese ist ebenso leichtfüßig wie dickschädlig und zuverlässig.

Einige Anekdoten mögen dies bestätigen:

Ein Aragonese steht vor dem Spiegel und sagt: «Mein Gott, welches Eselsgesicht hat der Mann, der mich anschaut!» = *¡Dios mío, qué cara de burro tiene ese hombre que me mira!*, denn er kann nicht begreifen, daß er selbst dieser Mann ist.

Ein anderer Aragonese reitet auf seinem Esel mitten zwischen den Eisenbahnschienen. Der gutmütige Zugführer sieht ihn und pfeift wiederholt. Der Aragonese aber kehrt sich um und ruft: *«Chifla, chifla,* (pfeife nur, pfeife) *que como no te apartes tú yo no me aparto».* Wir begreifen langsam, warum der Apostel Jakobus mit solchen Leuten ohne himmlische Hilfe nicht fertig wurde!

Wir haben in der 16. Lektion gelernt:

GEGENWART VON		PRETÉRITO PERF. ABSOLUTO VON
caer = fallen	*traer* = bringen	*querer* = wollen, lieben
caigo	*traigo*	*quis-e* = ich wollte . . usw.
caes	*traes*	*-iste*
cae	*trae*	*-o*
caemos	*traemos*	*-imos*
caéis	*traéis*	*-isteis*
caen	*traen*	*-ieron*

WICHTIGSTE NEUE WÖRTER:

atravesar	überqueren durchfahren	*mojado, -a*	nass
		fregar (ie)	reiben, aufwaschen
la plaza principal	Hauptplatz		
el Cristianismo	Christentum	*el jabón*	Seife
la iglesia	Kirche	*la bayeta*	Lappen
el descubrimiento	Entdeckung	*relucir*	glänzen
		los zorros	Abstaubwedel
la fiesta	Fest	*virutas de acero*	Stahlspäne
el personaje	Persönlichkeit	*la cera*	Wachs
el regalo	Geschenk	*de verdad*	wirklich
los pendientes	Ohrringe	*el guía*	Führer
valioso, -a	kostbar	*apartarse*	aus dem Wege gehen
las joyas	Juwelen		
la escoba	Besen		

Queridos lectores: Nun verlassen wir mit unserer Familie Zaragoza und fahren schon nach einigen Minuten durch *Alagón*. Das Dorf interessiert uns, *el pueblo nos interesa,* weil es an eine merkwürdige historische Begebenheit erinnert: an die Lachssteuer, *el impuesto del salmón.* Lachssteuer? fragt Rosamari entsetzt, gibt es denn so was?

Doch, doch, die Geschichte erzählt, daß der so umstrittene Herrscher Philipp II. eine große Schwäche für frischen Lachs hatte; aus diesem Grunde pflegte der Hof Sonderkuriere zu den verschiedenen Küsten der Lachsfischerei zu schicken, um diesen Lieblingsfisch des Monarchen möglichst frisch zu bekommen, *para obtener lo más fresco posible este pescado preferido por el monarca.*

Einmal mußte so ein königlicher Fisch-Kurier auf seiner Rückreise in der Ortschaft Alagón übernachten. Er bat den Bürgermeister um ein Bett, *solicitó del alcalde un lecho,* und im Laufe des Gesprächs stellte sich heraus, daß auch der Bürgermeister sehr gerne Lachs aß.

Dieser Bürgermeister war ein echter aragonesischer Dickschädel, und mit gieriger Miene teilte er dem Kurier mit: «Dieses Mal wird der König keinen Fisch essen, denn ich selbst will ihn für mich haben», *esta vez no comerá pescado el rey, pues yo mismo lo quiero para mí.*

«Bist du verrückt?» = *¿Estás loco?* erwiderte der Kurier, und fügte dann streng hinzu: «Das wird dich teuer zu stehen kommen». Doch der Aragonese antwortete: «Das macht nichts, *no importa,* noch heute werden wir königlich zu Abend speisen.»

Was blieb dem armen Kurier anderes übrig, als am nächsten Tag ohne Lachs nach Madrid zu fahren und seiner Majestät den unerfreulichen Sachverhalt mitzuteilen.

Da wurde Philipp II. sehr zornig und verhängte zur Strafe eine Sondersteuer, die sogenannte Lachssteuer, über Alagón, die heute noch eingezogen wird. Und heute noch, wenn dem Spanier etwas zu teuer scheint, ruft er aus: *es más caro que el salmón de Alagón.*

Aber schon geht es nach Calatayud, dem alten römischen Bilbilis, der Heimat Martials. Heute noch heißen die Einwohner von Calatayud *bilbilitanos.* Hier ist eine der reichsten Obstgegenden, besonders reich an Pfirsichbäumen, *allí está una de las más fértiles regiones fruteras, especialmente rica en melocotoneros.*

Die Einwohner pflegen die Pfirsiche in ganz kleine Stücke zu schneiden und in gekühltem Rotwein zu servieren, *los habitantes acostumbran a cortar los melocotones en pedazos muy pequeños y a servirlos en vino tinto frío.*

Wir fahren auch am *Monasterio de Piedra* vorbei, einem Kloster aus dem 12. Jahrhundert, berühmt durch seine Wasserfälle und seinen schönen Park, und sechs Stunden nach der Abfahrt kommen wir in Madrid an, *y llegamos a Madrid seis horas después de nuestra salida.*

Unser Einzug in Madrid hat einen triumphalen Charakter, denn wir fahren durch die breiteste und modernste Straße Europas: *el Paseo de la Castellana.* Am Anfang der *Castellana* sehen wir riesige moderne Bauten, die «*Nuevos Ministerios*» (neuen Ministerien), ein Beweis dafür, daß die Regierung nicht kleinlich ist im Geldausgeben für die öffentlichen Repräsentationsbauten.

Doch die Familie ist müde, *la familia está cansada,* und will auf dem kürzesten Weg zum Hotel. Unser Hotel ist an der José Antonio-Straße, der alten *Gran Vía,* wie die Madrilenen, *los madrileños,* sie immer noch nennen.

Beim Auspacken bemerkt der Vater, *al deshacer las maletas el padre se da cuenta,* daß er für seine morgige geschäftliche Unterredung kein sauberes Hemd mehr hat, *que ya no tiene ninguna camisa limpia más.*

Schon eilt Dolores herbei und sucht die *camarera de piso* und vertraut ihr zwei Hemden ihres Herrn an zum Waschen und Bügeln, *para lavarlas y plancharlas.* Die Kragen sollen nur leicht gestärkt werden, *los cuellos sólo deben ser almidonados poco,* schärft sie ihr ein.

Werde ich die Hemden bis morgen früh bekommen? fragt ein besorgter Vater. «Schon in zwei Stunden, wenn es sein muß», ant-

wortet die beflissene *camarera.*

Dolores bietet sich sofort an, noch heute abend die Strümpfe und die Unterwäsche im Badezimmer selbst zu waschen. Die Mutter hilft ihr, eine Nylonschnur über die Badewanne, *bañera,* zu spannen, und bald sieht man die Seidenstrümpfe, Herrensocken, Unterhosen und bunte Damenschlüpfer, Büstenhalter, Unterröcke, Pyjamas und Tricotleibchen, *medias de seda, calcetines de caballero, calzoncillos y bragas, sostenes, pijamas y camisetas, de diferentes colores,* einträchtig nebeneinander hängen.

Dolores hat die farbigen Plastikklammern, *las pinzas de plástico,* schön zur Farbe der Wäschestücke, *prendas,* assortiert, denn diese improvisierte Wäsche scheint ihr Spaß zu machen.

Nun wendet sie sich den Schuhen zu. Wenn Schuhputzen in Spanien auch sehr billig ist, *aunque limpiar los zapatos es muy barato en España,* so paßt sich Dolores doch den deutschen Verhältnissen an und putzt die Schuhe ihrer Herrschaft selbst, damit heute abend alle sauber und elegant ausgehen können.

Sie nimmt Schuhcreme, Bürste und Lappen, *betún, cepillo y un paño,* und putzt liebevoll fünf Paar Schuhe, *cinco pares de zapatos.* Schuhputzen ist in Spanien eine so wichtige Tätigkeit, daß man ein spezielles Tätigkeitswort dafür hat: *lustrar.*

Dolores freut sich ganz unbändig, die Hauptstadt ihrer schönen Heimat zu sehen, und während sie das Leder der Schuhe poliert, trällert sie das bekannteste Madrider Lied, das allerdings ein Mexikaner komponiert hat. Das Lied ist im Rhythmus eines schottischen Walzers komponiert, denn *chotis* (schottisch) ist der Tanz der Madrilenen; übrigens sehr schwer zu tanzen, weil die Füße eng beieinander stehen müssen und nur eine ganz kleine Bodenfläche benützen dürfen. Dolores singt:

Cuando vengas a Madrid, chulona mía,
Voy a hacerte emperatriz de Lavapiés,
y alfombrarte con claveles la Gran Vía,
y a bañarte con vinillo de Jerez.
En Chicote un agasajo postinero
con la crema de la intelectualidad,
y la gracia de un piropo retrechero,
más castizo que la calle de Alcalá.
Madrid, Madrid, Madrid,
pedazo de la España en que nací,
por algo te hizo Dios la cuna del requiebro y del chotis.
Madrid, Madrid, Madrid . . .

Wenn Du nach Madrid kommen wirst, meine Schöne
(temperamentvolle Madrilenerin),
werde ich Dich zur Kaiserin von Lavapies (typisches
Madrider Viertel) machen
und die Gran Vía werde ich für Dich mit einem Teppich
aus Nelken belegen,
und ich werde Dich in Sherry baden.
Im Chicote (berühmtes Kaffeehaus Madrids) werde ich
für Dich ein großes, lärmendes Fest veranstalten
mit der Blüte der Intellektuellen (denn Chicote ist
das Café der Intellektuellen)

und der Anmut eines reizenden Komplimentes,
echter spanisch als die Straße von Alcalá,
Madrid, Madrid, Madrid,
Stück Spaniens, in dem ich geboren wurde,
nicht umsonst schuf Dich Gott als Wiege des Komplimentes
und des Chotis.

Madrid, Madrid, Madrid... und so geht es weiter. Und mit dem Namen dieser Stadt verabschieden wir uns von Ihnen *¡Hasta pronto!*

Wir haben in der 17. Lektion gelernt:

WICHTIGSTE NEUE WÖRTER:

el pueblo	Dorf, Volk	*el cuello*	Kragen, Hals
el impuesto	Steuer	*almidonar*	stärken (Wäsche)
posible	möglich	*la bañera*	Badewanne
solicitar	bitten um, ansuchen	*las medias de seda*	Seidenstrümpfe
el rey	König	*los calcetines de caballero*	Herrensocken
pues	denn	*los calzoncillos*	Unterhosen
mismo, -a	selbst	*las bragas*	Damenhöschen
loco, -a	verrückt	*el sostén*	Büstenhalter
el melocotonero	Pfirsichbaum	*el pijama*	Pyjama
acostumbrar a	pflegen zu	*la camiseta*	Tricotleibchen
cortar	zerschneiden	*la pinza*	Klammer
la salida	Abreise, Ausgang	*las prendas*	Wäschestücke
deshacer las maletas	Koffer auspacken	*el betún*	Schuhcreme
darse cuenta	bemerken	*el cepillo*	Bürste
la camisa	Hemd	*el paño*	Lappen
la camarera	Zimmermädchen	*lustrar*	polieren
planchar	bügeln		

Cuando = ‚wenn' in zeitlicher Verwendung mit der Zukunft, verlangt im Spanischen immer den Konjunktiv Gegenwart; daher: Wenn du nach Madrid kommen wirst = *Cuando vengas a Madrid;* Wenn der Zug abfahren wird, werden wir ihn begrüßen = *Cuando parta el tren, le saludaremos.* Im Hauptsatz *(le saludaremos)* steht also das gewöhnliche Futuro, das wir kennen.

GEGENWART DES KONJUNKTIVS (SUBJUNTIVO):
Verben auf *-ar: hablar* ‚sprechen' *habl-e, -es, -e, -emos, -éis, -en*
Verben auf *-er: deber* ‚müssen' *deb-a, -as, -a, -amos, -áis, -an*
Verben auf *-ir: partir* ‚teilen', ‚abfahren' *part-a, -as, -a, -amos, -áis, -an*
Leider gibt es ziemlich viele unregelmäßige Bildungen, zu denen auch *venir* gehört: *veng-a, -as, -a, -amos, -áis, -an.*

PRETÉRITO PERFECTO ABSOLUTO von *hacer: hice, hiciste, hizo, hicimos, hicisteis, hicieron.*

Amanecemos en Madrid = wir erwachen in Madrid. *Amanecer* heißt eigentlich «Tag werden» und wird in den anderen Sprachen unpersönlich gebraucht. Das Gegenstück dazu ist *anochecer* = Nacht werden, und *anochecemos en Madrid* heißt demnach: wir übernachten in Madrid; es könnte aber auch heißen, daß wir bei Nacht in Madrid ankommen. Somit wird die persönliche Handlung mit dem Tagesgeschehen verkoppelt.

Finden Sie diese grammatische Einlage zu gelehrt? Dann wollen wir sie mit zwei volkstümlichen Sprichwörtern über die Nacht, *la noche,* wieder gutmachen.

Das erste ist vielleicht nicht sehr günstig für Abstinenten: *A mala noche, colchón de vino* = für eine schlechte Nacht ist eine Matratze aus Wein angebracht, das heißt, daß Alkohol, wenigstens momentan, die Sorgen vergessen läßt.

Das andere lautet: *Ni volver de noche esquina ni meterte en lo que hace la vecina* = bei Nacht sollst du weder um eine Ecke gehen, noch dich in Angelegenheiten der Nachbarin einmischen, das heißt, man soll sich nicht um die Sachen anderer kümmern.

Und zuletzt noch eine Redewendung: *Pasar una noche toledana* = eine schlaflose Nacht verbringen. Doch wir haben unsere *noche madrileña* hinter uns, und, wie gesagt, *nosotros amanecemos en Madrid.*

Der Vater zieht sich elegant an, nimmt seine Aktenmappe, *cartera de documentos,* und begibt sich zur «Torre de Madrid», einem riesigen Wolkenkratzer, dem höchsten Gebäude Spaniens. Er fährt mit dem Wagen dorthin, und als er aussteigen will, glaubt er, es sei mindestens ein Unfall oder ein Selbstmord passiert!

«Ist hier wohl jemand von der Torre hinuntergesprungen?» = *¿Se habrá tirado aquí alguien desde la Torre?* fragt sich der Vater. Die Polizei, *la policía,* drängt die Volksmasse zurück und verlangt von unserem Deutschen einen Ausweis, *una tarjeta de identidad* (auch *carnet*), um ihn passieren zu lassen. Was ist denn geschehen?

= *¿Qué ha ocurrido?* Nichts Gefährliches. Die Sofia Loren hat eines der Luxus-Appartements bezogen.

Beruhigt murmelt der Vater: «Viel Lärm um nichts», *mucho ruido y pocas nueces* (viel Lärm und wenig Nüsse), und geht zu einem der vielen Aufzüge, *ascensores,* und fragt den Boy, wo sich seine Firma befindet.

Im 14. Stock, antwortet der *ascensorista* = Liftboy, und führt ihn hinauf. Unser deutscher Geschäftsmann wird schon vom Herrn der spanischen Firma erwartet und mit Kaffee, Zigaretten, Likörs und ... schwierigen Verhandlungen bewirtet = *y es agasajado con café, cigarrillos, licores y ... difíciles negociaciones.*

Es wird sehr viel debattiert: die Einfuhrlizenzen sind schwer zu bekommen, die Devisen sind nicht vorhanden und was dergleichen Schwierigkeiten mehr sind. Endlich kommen die Herren zu einem zufriedenstellenden Resultat. Der Vater hat seine Berufspflicht getan und kann sich weiter seiner Familie und seiner Vergnügungsreise widmen.

Er steigt fröhlich pfeifend in den nächsten Lift, der hinunterfährt, *se monta silbando alegremente en el siguiente ascensor que baja.*

Unterdessen war auch Dolores nicht müßig. Sie hat zwei Paar Strümpfe ihrer Herrin gefunden, an denen eine Masche hinuntergefallen ist, *en las que bajaba una carrera.* Zuerst hat sie versucht, mit einer ganz feinen Häkelnadel, *ganchillo,* selbst die Masche hinaufzuhäkeln, aber dann hat sie eingesehen, daß es einfacher ist, die Strümpfe zum Maschenaufnehmen zu bringen, *llevar las medias a coger los puntos.*

In der Abwesenheit ihres Gatten hat die Mutter die Zeit benützt, um etliche Meter Naturseide zu kaufen, *para comprar algunos metros de seda natural,* weil sie soooo billig war! Zwar nicht so billig wie in Italien, bemerkt Rosamari, sie findet aber, daß die Spanier mehr Auswahl an bedruckter Seide haben, *los españoles tienen más surtido en sedas estampadas.*

Nun wartet die Familie auf die Rückkehr des motorisierten Vaters, um sich zu einer *camisera* = Hemdennäherin zu begeben. Schon ist dank Dolores die *camisera* gefunden und sie ist sogar bereit, die Herrenhemden, *las camisas de caballero,* in 48 Stunden fertigzustellen.

Die freundliche *camisera* fragt, wie der Herr die Kragen, *los cuellos,* wünscht und ob er Ersatzmanschetten, *puños de repuesto,* will.

Dann nimmt sie die Maße, *las medidas,* und schreibt alle sorgfältig auf. Sie wird die Hemden ins Hotel bringen; für die «Façon», *hechura,* verlangt sie 100 Pesetas *(siete marcos,* flüstert Rosamari leise). «Ich hoffe, daß sie sie (die Hemden) pünktlich liefert» = *espero que ella las entregue puntualmente,* sagt die Mutter beim Hinausgehen und braucht somit ihren ersten spanischen Konjunktiv.

Erschrecken Sie nicht ob diesem Wort, liebe Leser. Sie wissen, daß wir Ihnen diesen Kurs so angenehm wie möglich gestalten wollen. Wir verraten Ihnen daher nur das Allernotwendigste über die Möglichkeitsform. Es ist schon viel darüber geschrieben worden, denn der Konjunktiv ist eine der großen Schwierigkeiten der spanischen Sprache.

Er wird unter anderem verwendet, um zweifelhafte oder ungewisse Handlungen auszudrücken, z. B.: Vielleicht wird er schreiben = *quizá escriba él;* ferner zum Ausdruck irgendeines Willensaktes, z. B.: Ich wünsche, daß du kommst = *deseo que vengas;* bei Ausdrücken des Fühlens oder Hoffens: Ich fürchte, daß er nicht rechtzeitig ankommt = *temo que él no llegue a tiempo,* und unser obiger Beispielsatz.

Sie sehen, es ist hier noch nicht allzu kompliziert, und wir hoffen, daß Sie diese paar Grundregeln ebenso leicht verdauen, wie unsere Familie die drei Hauptgänge ihres Mittagessens eben bei einem Bummel durch Madrid verdaut.

Ach so, Sie möchten wohl wissen, was die Familie Gutes gehabt hat? Nun, in Madrid muß man natürlich Kutteln essen, denn das ist hier die Spezialität: *callos a la madrileña.* Doch passen Sie auf, denn *callos* heißt auch «Hühneraugen» oder «Schwielen», was bedeutend unangenehmer ist. Falls Sie sich aber für die eßbaren «callos» interessieren, so ist das einfach eine Art Gulasch, nur daß man Kutteln anstatt anderes Fleisch für die Zubereitung verwendet.

Unterwegs bemerken unsere Deutschen, daß die angeblich undisziplinierten Spanier schön ruhig Schlange stehen, um in den

Autobus einzusteigen, *hacen cola para subir al autobús.*

Genauso geduldig wie die Spanier vor dem Autobus Schlange stehen, tun sie es vor den Lotterie-Lokalen, denn sie sind leidenschaftliche Lotteriespieler. Wenn man den *gordo*, den «Dicken», wie man das große Los nennt, zieht, kann man auf 15 000 000 Peseten, *quince millones de pesetas*, kommen.

Unter den Losen gibt es die sogenannten *«números bonitos»* und *«números feos»*, schlechte und gute Zahlen, wörtlich schöne und häßliche Zahlen.

Merkwürdigerweise will niemand die ersten zehn Nummern kaufen, da sie zu den *«números feos»* zählen. Zur Königszeit hat deshalb das Königshaus immer die ersten zehn Nummern gekauft und soll damit nie draufgelegt haben, weil früher oder später das Geld immer wieder eingebracht wurde.

Zwar sagt ein weises spanisches Sprichwort: *El trabajo y la economía es la mejor lotería* (die Arbeit und das Sparen ist die beste Lotterie), aber das hindert nicht, daß neben dieser staatlichen Lotterie noch eine Blindenlotterie blüht, von der wir am Anfang unseres Kurses schon sprachen (*¡Los iguales para hoy!*) und die sogar täglich gezogen wird.

Auch unsere Rosamari wird vom Lotterie-Geist angesteckt und will ihr Glück versuchen, *y quiere probar fortuna;* obwohl die

ganze Geschichte fast eine halbe Stunde dauert, harrt auch sie geduldig aus. Schon beginnt der Vater zu brummen, denn er will noch ins Prado-Museum gehen.

Endlich geht es weiter, dem *Cibeles*-Brunnen (Naturgöttin) entlang, dann biegt man rechts ab. Nicht weit von der *fuente de la Cibeles* kokettiert mit ihr, *coquetea con ella,* der gute alte Neptun, der ganz in der Nähe seinen Brunnen hat.

Beim Anblick des *Velázquez,* der vor dem Museum steht, verlassen wir Sie für eine Woche, *por una semana;* wenn wir auch nicht so viel Zeit haben, um in Madrid zu bleiben, würde man bestimmt eine Woche brauchen, um all die Herrlichkeiten des Prado richtig zu genießen.

Die Spanier sind sehr stolz auf ihren Prado, nicht zuletzt, weil alle Werke, die darin sind, «gekauft» wurden, was nicht alle europäischen Museen von sich behaupten können. Nichts für ungut und *hasta pronto.*

Wir haben in der 18. Lektion gelernt:

WICHTIGSTE NEUE WÖRTER:

amanecer	Tag werden,	*la carrera*	Masche
	erwachen	*coger los puntos*	Maschen
anochecer	Nacht werden,		aufnehmen
	übernachten	*el surtido*	Auswahl
el colchón	Matratze	*estampado, -a*	bedruckt
vecino, -a	Nachbar, -in	*la camisera*	Hemdennäherin
la cartera	Aktentasche	*el puño*	Manschette,
de documentos			Faust
tirarse	hinunter-	*las medidas*	die Maße
	springen	*la hechura*	«Façon»
alguien	jemand	*entregar*	abliefern
la policía	Polizei	*temer*	fürchten
la tarjeta	Personalausweis	*a tiempo*	rechtzeitig
de identitad		*los callos*	Kutteln,
el carnet			Schwielen,
ocurrir	geschehen		Hühneraugen
la nuez (nueces)	Nuß	*hacer cola*	Schlange stehen
agasajar	bewirten	*feo, -a*	häßlich
el licor	Likör	*mejor*	besser (Adj.)
la negociación	Verhandlung	*la fortuna*	Glück
silbar	pfeifen	*coquetear*	kokettieren
montarse	steigen		

Queridos lectores: Wir haben Sie das letzte Mal vor dem Pradomuseum verlassen. Hat Ihnen dieses einmalige Museum, in dem alle Malschulen der Welt vertreten sind, gefallen? Unsere Familie ist begeistert, und Rosamari hat einige Reproduktionen, die von Kunst-Studenten kopiert worden sind, erworben.

A propos Studenten: Rosamari möchte noch unbedingt die *ciudad universitaria,* die sogenannte Universitäts-Stadt, sehen. Sie ist ganz neu, denn die alte wurde aus strategischen Gründen im Bürgerkrieg zerstört. Jede Fakultät hat nun einen neuen Riesenbau, ebenso die diversen *Colegios Mayores* oder Universitäts-Colleges.

Aber, sagt Pedrito, wieso heißt denn hier dieses prächtige Gebäude *la Casa de Brasil?* Das ist, lieber Predito, weil Tausende von Südamerikanern in Madrid studieren und auch ihre eigenen *Colegios Mayores* gebaut haben, das mexikanische heißt z. B. *Nuestra Señora de Guadalupe.*

Gegenüber der *Casa de Brasil* befindet sich die Universitätsklinik, *el hospital clínico,* wo die zukünftigen Ärzte ausgebildet werden. Vor diesem Gebäude äußert Dolores den Wunsch, die Madrider Untergrundbahn zu sehen.

Pedrito stimmt ihr begeistert zu, und so fährt der Vater, nachdem auch die Sportanlagen bewundert worden sind, die ganze Familie zur nächsten *boca del Metro* = Eingang der Untergrundbahn; *boca* heißt wörtlich Mund. Dort dürfen die beiden Kinder mit Dolores mit der *Metro* ins Hotel zurückfahren. Unsere jungen Deutschen staunen, daß sie mit ungefähr 4 Pfennig in rasendem Tempo durch ganz Madrid fahren können, und begeistert erzählen sie im Hotel von diesem Abenteuer.

Pedrito meint sogar: Wenn wir in unserer Stadt auch eine Untergrundbahn hätten, würde ich jeden Tag damit fahren = *si nosotros tuviésemos también en nuestra ciudad un Metro* (Abkürzung für *ferrocarril metropolitano) viajaría todos los días en él.* Er hat diesen Satz natürlich nur ausgesprochen, um unseren Lesern einen

typischen Bedingungssatz vorzuführen. So heimtückisch ist der Junge, und wir mit ihm.

Wenn wir mehr Zeit hätten, würden wir die Gärten von Aranjuez besuchen, sagt die Mutter und braucht so auch einen Bedingungssatz richtig = *si tuviésemos más tiempo visitaríamos los jardines de Aranjuez.* Der Vater will aber nicht zurückstehen und erwidert: Hätten wir mehr Zeit, so würden wir auch nach Toledo fahren = *si tuviésemos más tiempo iríamos también a Toledo.* Im «Wir haben in der 19. Lektion gelernt» erklären wir Ihnen, wie ein solcher Bedingungssatz funktioniert.

Pedrito aber, der noch sehr jung ist und nur in der unmittelbaren Zukunft lebt, sagt: Werden wir noch den Escorial sehen? = *¿Veremos aún el Escorial?* oder gar zwei Fliegen auf einen Schlag treffen und noch das Tal der Gefallenen, *el Valle de los Caídos,* besichtigen?

Der Junge hat diesen Riesenbau in einer Illustrierten gesehen und möchte ihn besuchen. *Mañana,* tröstet der Vater. *Mañana* ist zugleich auch der letzte Tag in Spanien und alle sind darüber ein wenig betrübt, denn die Madrider Luft scheint ihnen zu bekommen trotz des Sprichwortes *El aire de Madrid mata a un hombre y no apaga un candil,* wörtlich übersetzt: Die Madrider Luft tötet einen Menschen und löscht keine Zinnlampe, weil man behauptet, daß die *Sierra de Guadarrama* einen kühlen Wind über Madrid wehen läßt, der viele Lungenentzündungen verursacht, während die Flamme einer Zinnlampe dieser Luft standhält.

Unsere Familie hat aber auch gut der Madrider Luft standgehalten und alle erwachen am folgenden Tag in bester Verfassung. Dolores macht sich schon früh an die Arbeit und beginnt den Wagen zu waschen, *a lavar el auto.* Mit einem großen Kübel, *con un cubo grande,* heißen Wassers, *de agua caliente,* flüssiger Seife, *jabón líquido,* einem großen Schwamm, *una esponja grande,* und Hirschleder, *y una piel de gamuza,* bewaffnet, beginnt sie zu reiben und zu polieren, bis der Wagen wie ein Spiegel in der Sonne glitzert.

Unterdessen geht die Familie zum *Escorial* und bewundert die *«octava maravilla del mundo»,* das achte Weltwunder, wie ihn die Spanier nennen. *El rey Felipe II (segundo)* ließ den Riesenbau herstellen und leitete persönlich die Bauarbeiten. Heute ist es ein Kloster und zugleich die Grabstätte aller spanischen Könige der Habsburger und Bourboner Linie.

Man kann das Kloster besichtigen, die 15 Kreuzgänge, die 88 Brunnen, 86 Stiegen und die flämischen Gobelins, die, wie der Führer sagt, die beste Sammlung der Welt bilden und bei welchen die Mutter sich besonders lange verweilt. Den Kindern imponieren die großen Säle und am meisten der Umstand, daß es dort 1000 Türen und 2000 Fenster gibt, während der Vater, der besonders geschichtlich interessiert ist, sich eingehender mit der Bibliothek befassen möchte. Er weiß, daß sie für einen Historiker unentbehrlich ist.

Der Escorial allein würde einen ganzen Tag ausfüllen, aber Pedrito soll noch sein *Valle de los Caídos* als Schlußbukett sehen, das Monumentalgrab der Gefallenen des Bürgerkrieges, von dem ein bekannter Ausländer spöttisch gesagt haben soll: Nur die Spanier haben soviel Geld, um im 20. Jahrhundert so etwas zu bauen, *sólo los españoles tienen tanto dinero para construir en el siglo XX una cosa así.* Das Geld, das *el Valle de los Caídos* gekostet hat, kann uns niemand wegnehmen, antworten die Spanier dazu. Andere Länder verpulvern Milliarden in die Luft. Lassen wir unsere Familie ruhig über diesen Bau diskutieren, während sie die Rückreise antritt. Wir werfen noch einen Blick auf die spanische Landschaft, auf den spanischen Himmel und hoffen, es sei nicht unsere letzte spanische Reise gewesen, *y esperamos que no haya sido nuestro último viaje a España.*

Welche Route hast du gewählt? *¿Qué ruta has elegido?* fragen die Kinder den Vater. Er antwortet, *él responde:* Valladolid, Burgos, San Sebastián, Biarritz. Keine Zeit mehr in Burgos für den gotischen Dom und auch keine Zeit mehr, um in San Sebastián die herrliche Aussicht vom Monte Ulía zu genießen.

In Biarritz wird haltgemacht; hier ist eine andere Welt, wenigstens für Dolores, welche am Strand befremdet immer wieder den Kopf schüttelt und sagt: Wie wenig diese Frauen anhaben, sie sind ja fast nackt = *¡Qué poca ropa llevan estas mujeres! ¡Si están casi desnudas!* Unsere Familie vergnügt sich an ihrem einfachen Gemüt und versucht ihr zu erklären: andere Länder, andere Sitten = *en cada tierra su uso,* und die Spanier fügen noch hinzu: *y en cada casa, su costumbre.*

Aber Dolores scheint «andere Sitten» wenig zu billigen. Vielleicht ist sie im Geheimen doch froh, daß ihr Antonio nicht mitgefahren ist. Mit ihr wäre er doch nicht gefahren, denn immer noch gilt in Spanien das Sprichwort: Es genügt nicht, gut zu sein, man muß auch gut scheinen, *no basta ser bueno, sino parecerlo también.*

Die moralische Entrüstung hat ihr aber den Appetit nicht verdorben = *sin embargo, la indignación moral no le ha hecho perder el apetito (hacer perder* = verlieren machen, nicht verderben), denn sie findet die französischen Fischgerichte ganz vorzüglich, *excelentes,* und eigentlich gar nicht anders als die *pescados* zu Hause.

Noch sind wir am Golf von Biskaya, wie wird sie aber in Deutschland reagieren? Das liebe Leser, werden wir das nächste Mal lesen. *La próxima lección nos vemos en Alemania. Cariñosos saludos de Renata y Jaime.*

Wir haben in der 19. Lektion gelernt:

Hier die beiden Formen des IMPERFECTO DE SUBJUNTIVO:

Entweder:	*habl-ara*	*deb-* / *part-*	*-iera*
	-aras		*-ieras*
	-ara		*-iera*
	-áramos		*-iéramos*
	-arais		*-ierais*
	-aran		*-ieran*

oder:	*habl-ase*	*deb-* / *part-*	*-iese*
	-ases		*-ieses*
	-ase		*-iese*
	-ásemos		*-iésemos*
	-aseis		*-ieseis*
	-asen		*-iesen*

Unregelmäßig sind: ser: *fuera* oder *fuese;* estar: *estuviera* oder *estuviese;* haber: *hubiera* oder *hubiese;* tener: *tuviera* oder *tuviese.*

Der sogenannte «unwirkliche Bedingungssatz», in dem man nur den Fall setzt, daß etwas geschehe oder sei, also z. B. *Wenn ich in Spanien wäre, würde ich es kaufen,*
enthält in der Bedingung selbst (wenn-Satz) immer die Vergangenheit der Möglichkeitsform *(imperfecto de subjuntivo),* demnach wie im Deutschen. Das Spanische besitzt gleich zwei solche Formen, die einander aber absolut gleichwertig sind. Sie können also diejenigen verwenden, die Ihnen besser gefällt. — Im Hauptsatz hingegen, der die Folge der Bedingung ausdrückt, steht immer der sog. *condicional.* So erhalten wir als Übersetzung obigen Beispiels also: *Si yo estuviese* oder *estuviera en España, lo compraría.*

Der CONDICIONAL wird von der Grundform aus gebildet:

hablar- / *deber-* / *partir-*	1. *-ía*	Unregelmäßig sind:
	2. *-ías*	haber: *habría,*
	3. *-ía*	tener: *tendría* u.a.m.
	4. *-íamos*	
	5. *-íais*	
	6. *-ían*	

Vergleichen Sie nun die Bedingungssätze in unserer Lektion!

WICHTIGSTE NEUE WÖRTER:

el hospital clínico	Klinik	*la maravilla*	Wunder(werk)
		elegir	auswählen
el metro	Untergrundbahn	*la ropa*	Kleidung, Wäsche
la boca	Mund, Metroeingang	*desnudo, -a*	nackt
apagar	löschen	*la costumbre*	Sitte
la esponja	Schwamm	*sin embargo*	trotzdem
la piel de gamuza	Hirschleder	*la indignación*	Entrüstung
		cariñoso, -a	lieb, freundlich

Ein freundlicher Himmel empfängt unsere Familie in ihrer Heimatstadt. *Un cielo muy bonito* konstatiert auch Dolores, die überhaupt alles *bonito* zu finden scheint.

El lago (der See), *los cisnes* (Schwäne), *el tranvía azul, las cuidadas casas* (die gepflegten Häuser) *y naturalmente, los preciosos escaparates* (die herrlichen Schaufenster).

Sie wird aber ihre *marcos* schön sparen müssen für den Tag, an dem sie am Arme ihres stolzen Antonio in ihr neues Heim zieht. Aber die schönen Sachen anschauen ist nicht verboten, *pero mirar las cosas bonitas no está prohibido,* und unsere spanische *criada* liebt elegante Kleider, *y a nuestra criada española le gustan los vestidos elegantes.*

Noch entzückter scheint sie aber über die Blumen im Garten der Familie, *de las flores que hay en el jardín de la familia.* Sie scheint im Norden keine Blumen erwartet zu haben, *parece no haber esperado encontrar flores en el norte.* Und daß sogar die spanische Nationalblume, *el clavel,* in Deutschland wächst, erstaunt sie am meisten.

Am ersten Abend schaut sie sich alles genau an in der Wohnung, besonders was ungewohnt ist, zum Beispiel: *el entarimado* (Parkettboden), dann die Federdecken auf den Betten, *los edredones sobre las camas,* und daß die Kopfkissen, *las almohadas,* mit weichen Federn gefüllt sind statt mit Wolle.

Las habitaciones tan bajas y las ventanas tan grandes = die Zimmer so niedrig und die Fenster so groß, und fast alle Fensterläden offen, auch wenn die Sonne scheint; aber eben, die Sonne ist meistens nicht so heiß, daß man sie wie einen Feind hinaussperren muß.

Dann lernt sie, *que se tiene que comprar los sellos en Correos o en un automático* (daß man Marken auf der Post oder an einem Automaten kaufen muß), daß Rauchwaren überall erhältlich sind, weil sie nicht unter Staatsmonopol stehen, daß die Kinder auch in der Großstadt allein in die Schule gehen, *van solos al colegio*, und einen Tornister auf dem Rücken tragen, wie die Soldaten.

Diese Kinder benehmen sich übrigens auch ganz anders als sie sich gedacht hatte; sie können sehr laut schreien, raufen und laut singen, wie es auch südliche Kinder tun, *pueden gritar mucho, pelearse y cantar muy alto, como lo hacen también los niños del sur*. Die Nachbarskinder z. B. laufen ohne weiteres barfuß im Garten herum, *corren descalzos por el jardín sin más ni más*, was spanische «Herrschaftskinder» nicht tun würden.

el lechero

Andererseits staunen die Nachbarn, wenn Dolores ihre Herrin mit *«señorita»* anspricht, um anzudeuten, daß sie noch jung ist. Worüber Dolores selbst aber am meisten staunt, ist, daß Milchkannen, Flaschen, Blumentöpfe und Fahrräder unbeaufsichtigt herumstehen. *¡Los alemanes son muy honrados!*

Der Mann, der die Milch ins Haus bringt, also *el lechero*, hat ihr wohl jeden Morgen etwas Nettes gesagt. Das hat sie schon verstanden, hat aber sofort an ihren Antonio gedacht und die Augen gesenkt.

Aber der, der das Fleisch brachte, der sprach schon ganz ähnlich wie ein Spanier und lachte sie mit blitzenden Zähnen an, als er sagte: *italiano.* Und was sagt der Spruch? *Españoles e italianos, primos hermanos* (Vettern 1. Grades). *De este tengo que guardarme especialmente, piensa Dolores* (Vor dem muß ich mich besonders in acht nehmen, denkt Dolores).

Schon hat sie begriffen, wie man eine vollautomatische Waschmaschine bedient, *ya ha comprendido como se maneja una lavadora completamente automática.* So ist Waschen natürlich ein Spaß, obwohl die spanische Sonne zum Bleichen fehlt.

Und Wäsche aufhängen, *y colgar la ropa,* das ist bei den Deutschen ein Ritus: alle Leintücher, *todas las sábanas,* nebeneinander wie die Soldaten, dann die kleineren Tücher . . . Warum darf sie eigentlich nicht ein kleines buntes Taschentuch neben einem ehrwürdigen weißen Leintuch flattern lassen? Es würde doch die Monotonie unterbrechen. *¡No, no, Dolores! ¡Por amor de Dios!* Um Gottes Willen! *¡A colgar bien!* Ordentlich aufhängen!

Ja, es ist alles sehr ordentlich; abwaschen, *fregar,* muß man auch in einer vorgeschriebenen Reihenfolge. Sie kommt sich wieder vor wie in der Schule: *Así se hace esto* (so macht man das). *¿Por qué así y no de otra manera?* Warum so und nicht anders? fragt sich manchmal das Mädchen aus dem Süden.

Sin embargo, ella es paciente y dócil (Doch sie ist geduldig und willig). Wenn sie dann wieder in Mallorca sein wird, lacht sie in sich hinein . . . Aber lacht sie wirklich, oder steigt nicht eine einsame Träne, *una solitaria lágrima,* in ihren Augen auf?

Die *señora* hat es nicht übersehen, und wie der erste Tag zu Ende geht, macht der Vater mit allen einen Abendspaziergang, damit Dolores auch die schöne Umgebung kennenlernt, die herrlichen grünen Bäume, die Felder und Wiesen und Bauernhäuser sieht, *para que Dolores conozca los bonitos alrededores y vea los magníficos árboles verdes, los campos y prados, así como las casas de los campesinos. Conozca y vea* stehen im Konjunktiv, da *para que* = damit, diesen verlangt.

Hier gackern sogar Hühner, *gallinas*, wie zu Hause, und dort werden Kühe zur Tränke geführt. *Auténticas vacas alemanas* (richtige deutsche Kühe), von denen hat sie schon gehört, glaubte aber, daß sie nur auf hohen Bergen zu Hause seien, *que sólo estaban en las altas montañas.*

Hier aber ist es fast eben, eine liebliche, grüne Landschaft, und ein milder Sommerabend. Der erste Abend in der Fremde! *¡La primera noche en tierra extranjera!* Zu Hause werden sie jetzt an sie denken, auch Antonio wird es tun.

Alles ist so weit weg und doch so nah: *Mallorca, el viaje en barco, la Moreneta, las escaleras de Gerona, Madrid y las mujeres casi desnudas en las playas francesas, los niños que van descalzos y las vacas que beben agua.*

Dazwischen schwirrt *una lavadora* und *alguien* (jemand) ruft *que se debe colgar la ropa debidamente. ¡Pobre chica* (Mädchen) *la que tiene que servir!* wie das berühmte Lied sagt. Denn Dolores liegt jetzt *en la cama alemana* mit der komischen hohen Decke *y hace desfilar ante sí todas las imágenes de los dos últimos días* (und läßt = macht alle Bilder der zwei letzten Tage an sich vorbeiziehen), eine bunte Folge, die immer bunter und undeutlicher wird.

Sie kann sich gerade noch bekreuzigen und die Moreneta bitten, über ihre Lieben zu Hause zu wachen. Und ... und ..., mach, daß ich nicht zu viel Heimweh habe = *¡Haz que no tenga mucha añoranza!* Dann schläft sie selig ein. *¡Buenas noches!*

Wir haben in der 20. Lektion gelernt:

1. Wie das Französische und Italienische, kann auch das Spanische *Adverbien* auf *-mente* bilden. Man hängt diese Endung an die *weibliche* Form des Adjektivs an: *penoso, penosa, penosamente* (mühsam) usw.

2. Sie haben zweifellos schon beachtet, daß bei gewissen Verbalformen

das Personalpronomen angehängt wird, ähnlich wie im Italienischen. Es sind:

die Befehlsform:	*¡acuérdate!*	= erinnere dich!
die Grundform:	*acordarse*	= sich erinnern
der sog. Gerundio:	*acordándose*	= indem er (sie) sich erinnert

3. Der Gerundio, im Spanischen sehr beliebt, wird folgendermaßen gebildet:

Cant-ar:	*vend-er:*	*part-ir*
cant-ando	*vend*-iendo	*part*-iendo

el lago	See
cuidar	pflegen
prohibir	verbieten
el norte	Norden
el sur	Süden
el entarimado	Parkettboden

el edredón	Federdecke
la almohada	Kopfkissen
la ventana	Fenster
el automático	Automat
la escuela	Schule
el colegio	
pelearse	sich herumbalgen
descalzo, -a	barfuß
sin más ni más	ohne weiteres
honrado, -a	ehrlich rechtschaffen
el lechero	Milchmann
guardarse	sich in acht nehmen
manejar	handhaben
la lavadora	Waschmaschine
colgar la ropa	Wäsche aufhängen
la sábana	Leintuch
fregar	abwaschen (Geschirr)
así	so
de otra manera	anders, wörtlich: auf andere Weise
paciente	geduldig
dócil	willig
la lágrima	Träne
los alrededores	Umgebung
el campo	Feld
el prado	Wiese
el campesino	Bauer
la gallina	Huhn
la vaca	Kuh
auténtico, -a	echt
desfilar	vorüberziehen
la imagen	Bild
la añoranza	Heimweh

Es domingo. Después de la misa (nach der Messe), *Dolores encuentra en la puerta de la iglesia* (an der Kirchentür) *a un grupo de compatriotas. También en Alemania se habla español. Uno de los hombres* (einer der Herren) *es camarero; otro es carpintero, como Antonio; el tercero es albañil* (Maurer).

Un cordobés muy simpático trabaja de vaquero (arbeitet als Kuhhirt). *También él está muy contento* (zufrieden) *en Alemania, donde piensa ganar dinero* (Geld verdienen) *para regresar a su Córdoba querida y comprar muchas vacas. El sabe muy bien el refrán* (Spruch) *español que dice: «Ayer vaquero, hoy caballero»* (Gestern Kuhhirt, heute Herr, also: nichts dauert ewig im Leben).

Y, ¡qué casualidad! (welch ein Zufall), *también hay una valenciana que trabaja de niñera* (Kindermädchen). *Todos están muy contentos en Alemania, porque el alemán aprecia* (schätzt) *su trabajo y no les considera seres de segunda categoría* (und sie nicht als Wesen zweiter Klasse betrachtet), *como desgraciadamente ocurre en otros países.*

Cada uno (jeder) *cuenta sus impresiones de Alemania.* Es gibt einiges Gelächter, denn auch dem Spanier kommt manches . . . «deutsch» vor.

Así, por ejemplo, un obrero (Arbeiter) *cuenta,* daß er einmal im Hauptbahnhof, *en la estación central,* einen Eisenbahner fragte, ob hier eine elektrische Steckdose, *un enchufe,* vorhanden sei, wo er sich rasieren könne, *afeitarse.* Der Bundesbahner schaut den Spanier ganz ernst an und antwortete: «Doch, doch, freilich gibt es da eine Steckdose, aber Sie dürfen sich nicht an der rasieren, das wäre Diebstahl am Staat!»

Unbegreifliches Pflichtbewußtsein für einen Spanier, denn ein spanisches Sprichwort lehrt: *Quien roba a un ladrón, tiene cien años de perdón* = Wer einen Dieb bestiehlt, bekommt hundert Jahre Ablaß. Für den Spanier, wie auch für den Italiener, ist der Staat irgendwie immer ein Dieb und ein Feind.

La niñera está sorprendida de lo pronto que se acuestan los niños alemanes = sie ist überrascht, daß die deutschen Kinder so früh schlafen gehen, *y de que no pueden ir al cine antes de los catorce años* = und daß sie vor dem 14. Lebensjahr nicht ins Kino gehen dürfen.

Los hombres comentan que después de medianoche casi no se puede visitar ningún local, porque todos están cerrados = die Männer unterhalten sich darüber, daß man nach Mitternacht fast kein Lokal mehr aufsuchen könne, da alle geschlossen seien.

Dicen también que es lástima (schade) *que los cines tampoco* (auch nicht) *pongan* (das ist wieder einmal ein Konjunktiv nach einem Ausdruck des Bedauerns) *películas españolas* = daß die Kinos keine spanischen Filme bringen.

Ein kleiner Trost wäre, wenn man wenigstens hie und da eine spanische Illustrierte kaufen könnte, worin man Bilder der Heimat nach Herzenslust betrachten würde. In diesem Zusammenhang geben wir Ihnen, liebe Leserinnen und Leser, einen Tip, wie Sie das in unserem Kurs Erlernte bewahren und erweitern können. Be-

schaffen Sie sich von Zeit zu Zeit eine illustrierte Zeitschrift in spanischer Sprache. Am empfehlenswertesten scheint uns die *SEMANA*, die wöchentlich – wie der Name sagt – für 6 Peseten zu haben ist. Daß das Papier bei diesem Preis nicht hervorragend sein kann, versteht sich. Aber sie ist unterhaltend, reichhaltig und durchaus unpolitisch.

Kehren wir nach dieser kleinen Abschweifung zu unsern Spaniern zurück: *Todos están conformes,* alle sind sich einig, *en que Alemania es un país muy hospitalario* (gastfreundlich), *muy bonito, muy limpio, y que sus habitantes son grandes amantes del trabajo,* und daß die Einwohner große Liebhaber der Arbeit seien.

Dolores mira su reloj suizo que compró en España, porque allí están más baratos ... ¡Secretos de la economía! Geheimnisse der Wirtschaft! *Se ha hecho tarde* = es ist spät geworden, *y tiene que regresar a casa* = und sie muß nach Hause zurückkehren.

Por la tarde, se sienta en su cuarto y, con no poca nostalgia (mit nicht wenig Heimweh) *escribe a su querido Antonio su primera carta* (Brief) *desde Alemania:*

Antoñito de mi vida:

He hecho un viaje inolvidable = eine unvergeßliche Reise. *He visto cosas muy interesantes en España, en Francia y ahora en Alemania (visto* = gesehen). *Todo es diferente a España, pero yo ya me he acostumbrado* = aber ich habe mich schon daran gewöhnt.

La familia donde trabajo es muy simpática y me quiere mucho = und hat mich sehr gern, *pero no más que yo a tí. Me acuerdo mucho de nuestros paseos* = Ich erinnere mich oft an unsere Spaziergänge.

El señor me ha dicho (gesagt) *que si tienes interés puede buscarte una colocación de carpintero* = wenn Du Dich interessierst, er Dir eine Stellung als Zimmermann suchen kann.

Esta mañana he conocido a otro carpintero español que está aquí muy contento. Hoy no puedo escribirte más, porque quiero escribir también a mi madre. ¡Me acuerdo tanto de ella ... !

No me seas infiel = sei mir nicht untreu, *y piensa tanto en mí como yo en tí* (wobei wir feststellen, daß an jemanden denken auf spanisch *pensar en* heißt).

Escribe pronto para decirme si quieres venir = ob Du kommen willst. *Sería mi mayor alegría* = es wäre meine größte Freude.

Te envía un millón de besos y te espera en Alemania con los brazos abiertos = mit offenen Armen, *tu Dolores.*

Queridos lectores, an diesem Brief werden Sie erkannt haben, wieviel Spanisch Sie schon gelernt haben. Hoffentlich hat Ihnen diese schöne Sprache nicht nur Mühe, sondern auch Freude gemacht. Ganz ohne Anstrengung ging und geht es freilich nicht . . ., «spielend» lernen nur Kinder fremde Sprachen. Den Damen widmen wir zum Schluß einen galanten Spruch von Fernando Castán Palomar:

Para cantarte una jota
no me sirve la guitarra,
que sus cuerdas se alucinan
si suenan frente a tu cara.

Um dir ein Jota zu singen,
nützt mir die Gitarre nichts,
denn ihre Saiten sind außer sich,
wenn sie vor deinem Antlitz erklingen.

Wir haben in der 21. Lektion gelernt:

WICHTIGSTE NEUE WÖRTER:

la misa	Messe	*robar*	stehlen
el grupo	Gruppe	*el ladrón*	Dieb
el albañil	Maurer	*acostarse (ue)*	schlafen gehen
cordobés, -a	aus Cordoba	*comentar*	besprechen
el vaquero	Kuhhirt	*medianoche*	Mitternacht
ganar dinero	Geld verdienen	*es lástima*	es ist schade
regresar	zurückkehren	*la película*	Film
el refrán	Spruch	*hospitalario, -a*	gastfreundlich
ayer	gestern	*el secreto*	Geheimnis
la casualidad	Zufall	*la nostalgia*	Heimweh
valenciano, -a	aus Valencia	*la carta*	Brief
la niñera	Kindermädchen	*inolvidable*	unvergeßlich
apreciar	schätzen	*acostumbrarse*	sich gewöhnen
considerar	betrachten	*el paseo*	Spaziergang
el ser	Wesen	*tener interés*	Interesse haben
cada uno	jeder	*la colocación*	Anstellung
el obrero	Arbeiter	*infiel*	untreu
la estación central	Hauptbahnhof	*si*	wenn, ob
		la alegría	Freude
el enchufe	Steckdose	*abierto, -a*	offen
afeitarse	sich rasieren		

Ein bißchen Grammatik = Un poquito de gramática

1) Der bestimmte Artikel = *el artículo determinado*

männlich:

el sombrero = der Hut
los sombreros = die Hüte

Kombiniert sich mit den Präpositionen *a* und *de* nur in der *Einzahl* männlich

a + *el* = *al* sombrero
de + *el* = *del* sombrero

Mehrzahl: *a los, de los*

weiblich:

la frontera = die Grenze
las fronteras = die Grenzen

Weiblich hingegen:
a la frontera
de la frontera
a las, de las

NB. Vor gewissen mit *a*- beginnenden weibl. Wörtern ist der Artikel *el*, z. B. *el agua* = Wasser, *el alma* = Seele (Mehrzahl: *las*).

Vor den meisten Ländernamen kein Artikel:

in der Schweiz = *en Suiza*
in die Schweiz = *a Suiza*

Über die Verwendung des *Wenfalls* bei Personen und Sachen siehe „Wir haben gelernt" von Lektion 10.

2) Der unbestimmte Artikel = *el artículo indeterminado*

Einzahl: *un* sombrero, *una* frontera
Die Mehrzahl *unos, unas* bedeutet ‚einige, mehrere', z. B. *tengo unas naranjas* = ich habe einige Orangen.

Merke: Kein unbestimmter Artikel vor den Eigenschaftswörtern: *otro, -a* = ander, *tal* = solch, *semejante* = ähnlich, solch, *cualquiera* = irgendwelch, *cierto* = gewiß, z. B. ein anderes Mal = *otra vez*, ein gewisser Mann = *cierto hombre*.

3) Die Mehrzahl der Hauptwörter = *el plural de los substantivos*

Alle Wörter auf *-o, -a, -e* und *-é* erhalten ein *-s:*
sombrero — sombreros, frontera — fronteras, hombre — hombres, café — cafés
Die Wörter, die auf Konsonant oder *-y* enden, erhalten *-es:*
señor — señores, canción (Lied) — *canciones, vez* (Mal) — *veces* (aufpassen!), *ley* (Gesetz) — *leyes.*

4) Das Eigenschaftswort = *el adjetivo*

Die männlichen Eigenschaftswörter auf *-o, -or, -ón, -án* bilden die weibliche Form auf *-a,* z. B. *claro — clara* = klar, *hablador — habladora* = geschwätzig, *dormilón — dormilona* = schläfrig, *alemán — alemana* = deutsch.

Alle übrigen Adjektive haben für beide Geschlechter die gleiche Form, z. B. *un señor cortés, una señora cortés* = höflich, *un sombrero azul, una pluma* (Feder) *azul* = blau usw.

Ausgenommen: *español — española, inglés — inglesa* = englisch.

Die Mehrzahl wird nach denselben Regeln gebildet wie bei den Hauptwörtern.

Merke: *uno, alguno* = irgendein, *ninguno* = kein, *primero* = erst, *tercero* = dritt, *bueno* = gut, *malo* = schlecht, verlieren ihr *-o* vor einem männlichen Hauptwort, z. B. *un tomate, el primer capítulo, un buen vino, un mal libro.*

Merke: *santo, grande, ciento* verlieren in diesem Fall die letzte Silbe, z. B. *San Pedro* (ausgenommen *Santo Domingo, Santo Tomás*), *un gran cubo* = ein großer Eimer, *cien libros* = hundert Bücher.

Der Vergleich:	so sauber wie	= *tan* limpio (-a) *como*
	sauberer als	= *más* limpio (-a) *que*
	weniger sauber als	= *menos* limpio (-a) *que*

Der relative Superlativ, z. B. der, die, das schönste (einer Anzahl): *el, la, lo más bonito (-a)*

Der sog. absolute Superlativ mit „sehr": *muy* oder mit dem Suffix *-ísimo,* z. B. *una flor muy fresca* oder *fresquísima* = eine sehr frische Blume.

5) Die persönlichen Fürwörter = *los pronombres personales*

Unbetonte Formen: Werfall (fakultativ)		Unbetonte Formen: Wem- und Wenfall	Betonte Formen:
yo	= ich	*me* = mir, mich	*a mí*
tú	= du	*te* = dir, dich	*a ti*
él	= er	*le* = ihm, ihn	*a él*
ella	= sie	*le* = ihr, *la* = sie	*a ella*
ello	= es (Sachen)	*lo* = es	—
usted (Vd.)	= Sie	*le* = Ihnen, Sie	*a Vd.*
nosotros, -as	= wir	*nos* = uns	*a nosotros, -as*
vosotros, -as	= ihr	*os* = euch	*a vosotros, -as*
ellos	= sie	*les* = ihnen, sie	*a ellos*
ellas	= sie	*les* = ihnen, *las* = sie	*a ellas*
ustedes (Vds.)	= Sie	*les* = Ihnen, Sie	*a Vds.*
		se = sich (*)	*a sí*

(*) Rückbezügliche Zeitwörter siehe Lektion 3.

Merke: Es gibt kein bestimmtes Wort für das deutsche „man". Das Spanische bietet zwei Möglichkeiten es auszudrücken: Man spricht deutsch = *Se habla alemán* oder Man sagt, daß ... = *Dicen que* ... (also eigentlich Sie sagen, daß ...).

Wenn beide unbetonten Fürwörter, d. h. der Wem- und der Wenfall stehen, dann geht immer der Wemfall voraus:

Er gibt mir ein Geschenk usw.

mir:	*Él me da un regalo*	= *él me lo da*
dir:	*te*	= *él te lo da*
ihm, ihr:	*le*	= *él se lo da* (aufpassen)
uns:	*nos*	= *él nos lo da*
euch:	*os*	= *él os lo da*
ihnen:	*les*	= *él se lo da* (aufpassen)

Sie bezahlt mir die Rechnungen usw.

mir:	*Ella me paga las cuentas*	= *ella me las paga*
dir:	*te*	= *ella te las paga*
ihm, ihr:	*le*	= *ella se las paga (!)*
uns:	*nos*	= *ella nos las paga*
euch:	*os*	= *ella os las paga*
ihnen:	*les*	= *ella se las paga (!)*

Angehängt werden die Fürwörter beim bejahenden Imperativ, bei der Grundform und beim Gerundio, siehe hierüber Lektion 20.

Oft steht das Fürwort doppelt, betont und unbetont:

No me importa a mí	= Es geht mich nicht an
A mí no me gusta	= Mir gefällt es nicht
Le saludo a él	= Ich begrüße ihn

6) Die besitzanzeigenden Fürwörter = *los pronombres posesivos*

Über die adjektivische Form siehe Lektion 3.

Die substantivische Form: der (die) meine, der (die) deine usw. lautet: *el mío, la mía, los míos, las mías*. Ebenso: *el tuyo, el suyo, el nuestro, el vuestro*. Beispiele:

Mein Freund und der deine	= *Mi amigo y el tuyo*
Diese Bücher gehören mir	= *Estos libros son míos*
Er ist ein Freund von mir	= *Es amigo mío*
Er ist ein Bekannter von uns	= *Es conocido nuestro*
Sehr geehrter Herr! (Brief)	= *Muy señor mío:*

7) Die hinweisenden Fürwörter = *los pronombres demostrativos*

	dieser:	dieser da:	jener:
	este, -a	*ese, esa*	*aquel, aquella*
	estos, -as	*esos, esas*	*aquellos, -as*
Neutrum:	*esto*	*eso*	*aquello*

Este deutet auf einen dem Sprechenden nahe stehenden oder ihm gehörenden Gegenstand hin, *ese* auf einem dem Angeredeten nahe stehenden oder gehörenden, *aquel* auf einen beiden gleich entfernten oder einem Dritten gehörenden Gegenstand.

Ein ähnlicher Unterschied besteht bei den Umstandswörtern:

aquí = hier (bei mir)	*ahí* = da, dort (bei dir)	*allí* = da, dort drüben

8) Die beziehenden Fürwörter = *los pronombres relativos*

welcher, -e, -es = *que* (unveränderlich!)

Daneben wird bei Personen auch *quien, quienes* gebraucht, z. B.: Die Dame, von der Sie sprechen = *La señora de quien Vd. habla* dessen, deren = *cuyo, -os, cuya, -as,* z. B.

Der Herr, dessen Tochter Sie kennen = *El señor cuya hija Vd. conoce*

dessen Töchter	=	*cuyas hijas*
dessen Sohn	=	*cuyo hijo*
dessen Söhne	=	*cuyos hijos*

9) Die fragenden Fürwörter = *los pronombres interrogativos*

Wer? = *¿Quién?*, Mehrzahl *¿Quiénes?*
Wer ist gekommen? = *¿Quién ha venido?*
Was? = *¿Qué?*
Was ist das? = *¿Qué es esto?*
Welcher (von) ? = *¿Cuál?*, Mehrzahl *¿Cuáles?*
Welcher ist der größte? = *¿Cuál es el más grande?*
Wieviel (e)? = *¿Cuánto, -a, -os, -as?*
Wieviel kostet dieser Hut? = *¿Cuánto cuesta este sombrero?*

10) Der verneinte Satz:

nein oder nicht = *no*
Man verneint den Satz mit *no:*
Ich habe Geld = *Tengo dinero* — Ich habe kein Geld = *No tengo dinero*

Ich kenne niemand = *No conozco a nadie.* } mit doppelter
Ich weiß nichts = *No sé nada.* } Verneinung

Sind hingegen *niemand, nichts* Subjekt des Satzes, steht kein *no,* also:
Niemand weiß es = *Nadie lo sabe.*
Nichts kann es verhindern = *Nada puede impedirlo.*

11) Die Zeitwörter = *los verbos*

Indikativ:
Gegenwart = *presente,* S. Lektion 1, 3, 4, 5, 7, 8, 9, 16
Erzählende Vergangenheit:
zusammengesetzte Verg. = *pretérito perfecto actual* (alle Verben mit dem Hilfsverb *haber)* S. Lektion 5, 8
fertige Vergangenheit = *pretérito perfecto absoluto* S. Lektion 14, 16, 17
Beschreibende Vergangenheit = *pretérito imperfecto* S. Lektion 11
Zukunft = *futuro* S. Lektion 13
Möglichkeitsform = *subjuntivo*

presente	S. Lektion 17
imperfecto	S. Lektion 19
Bedingungsform = *condicional*	S. Lektion 19
Gerundio	S. Lektion 20

Häufigste Verben, die in der *Gegenwart* den Stammwechsel gemäß Lektion 7 aufweisen:

Wechsel *e/ie*
atravesar = durchqueren
cerrar = schließen
despertar = wecken
empezar = anfangen
nevar = schneien
sentarse = sich setzen
atender = beachten
descender = herabsteigen
encender = anzünden
entender = verstehen
perder = verlieren
sentir = fühlen

Wechsel *o/ue*
acordarse = sich erinnern
acostarse = zu Bett gehen
colgar = hängen
consolar = trösten
contar = zählen, erzählen
encontrar = begegnen, treffen
mostrar = beweisen, zeigen
probar = beweisen, versuchen
rogar = bitten
soñar = träumen
volar = fliegen
cocer = kochen
llover = regnen
volver = zurückkehren
dormir = schlafen
morir = sterben

Folgende Verben wandeln das *e* zu *i* (S. Lektion 7)
pedir = bitten, verlangen
corregir = verbessern
despedirse = sich verabschieden
elegir = wählen
freir = backen (*frío, fríes* usw.)
impedir = hindern
reir = lachen (*río, ríes* usw.)
servir = dienen
vestir = (sich) kleiden
seguir = folgen

Verben auf *-uir:* Typus *huir* = fliehen	*huyo*	*huimos*
contribuir = beitragen	*huyes*	*huís*
distribuir = verteilen	*huye*	*huyen*
concluir = endigen		

1. Person der Gegenwart der Verben auf *-cer, -cir* (die übrigen Personen sind regelmäßig)

conocer = kennen	*conozco* = ich kenne
ofrecer = anbieten	*ofrezco*
obedecer = gehorchen	*obedezco*
nacer = geboren werden	*nazco*

conducir = führen		*conduzco*
producir = erzeugen		*produzco* u. a. m.

Unregelmäßige Partizipien der Vergangenheit:

hacer	— *hecho*	= machen, gemacht
decir	— *dicho*	= sagen, gesagt
poner	— *puesto*	= setzen, stellen, legen, gesetzt, gestellt, gelegt
volver	— *vuelto*	= zurückkehren, zurückgekehrt
morir	— *muerto*	= sterben, gestorben
romper	— *roto*	= brechen, gebrochen
escribir	— *escrito*	= schreiben, geschrieben
freir	— *frito*	= backen, gebacken
abrir	— *abierto*	= öffnen, geöffnet
cubrir	— *cubierto*	= bedecken, bedeckt

12) Der deutsche Satz mit zu + Grundform kann auf verschiedene Weise wiedergegeben werden:

a) „zu" wird nicht übersetzt:

Es difícil vivir en paz con todo el mundo = Es ist schwer, mit jedermann in Frieden zu leben.
Su amigo desea hablarle = Ihr Freund wünscht Sie zu sprechen.
Siento no haber estudiado el ruso = Es tut mir leid, kein Russisch gelernt zu haben.
¡Sírvase tomar asiento! = Bitte, nehmen Sie Platz (eigentlich: Bedienen Sie sich, Platz zu nehmen).

b) „zu" = *de*

Tengo ganas de ir a pasear = Ich habe Lust, spazieren zu gehen.
¡Haga Vd. el favor de sentarse! = Tun Sie mir den Gefallen, sich zu setzen.
Ha dejado de existir = Er hat aufgehört zu existieren.
¡Acabe Vd. de cantar! = Hören Sie auf zu singen!
Acabamos de recibir una carta = Wir haben soeben einen Brief bekommen.

c) „zu" = *a*

Voy a buscar el periódico = Ich gehe die Zeitung holen.
¡Venga Vd. a vernos mañana! = Kommen Sie uns morgen besuchen.
Su madre la enseña a coser = Ihre Mutter lehrt sie (zu) nähen.
Rosita empezó a llorar = Rosita begann zu weinen.

d) „zu" = *en*

Tenemos mucho interés en importar vinos de España = Wir haben großes Interesse (daran), Weine aus Spanien zu importieren.

Tengo sumo placer en participarle a Vd. = Es freut mich sehr, Ihnen mitzuteilen ...

e) „zu" = *que*

Tengo mucho que hacer = Ich habe viel zu tun.
(NB. *Tienes que estudiar mucho* = Du mußt viel lernen).

13) Einige Grundregeln für den Gebrauch des *Subjuntivo:*

Der Subjuntivo wird gesetzt:

a) Nach Verben des Fühlens, Wollens und Wünschens, der Möglichkeit:

Me alegro que estés aquí = Ich freue mich, daß du da bist.
Quiero que trabajes = Ich will, daß du arbeitest.

Es preciso que le escribas hoy mismo = Es ist notwendig, daß du ihm heute noch schreibst.

Es posible } *que venga todavía* =
Puede (ser) } Es kann sein, daß er noch kommt.

b) Nach Verben des Sagens und Denkens, wenn sie verneint sind:

No creo que mi amigo venga = Ich glaube nicht, daß mein Freund kommt.

Aber bejahend: *Mi madre me ha dicho que estás en Alemania* = Meine Mutter hat mir gesagt, du seiest in Deutschland. Bei dieser Gelegenheit merke man sich, daß in der indirekten Rede im Spanischen nicht der Konjunktiv (= *subjuntivo*) steht wie im Deutschen!

c) Als Befehlsform der 3. Person:

¡Venga(n) Vd(s)! = Kommen Sie!
¡No venga(n) Vd(s)! = Kommen Sie nicht!
Córteme el pelo = Schneiden Sie mir das Haar.

und als verneinte Befehlsform der 2. Person:

¡No vengas! = Komme nicht!
¡No vengáis! = Kommet nicht!

Der bejahende Imperativ lautet für die drei Konjugationen:

-ar *-er* *-ir*

¡canta!	*¡come!*	*¡abre!*
¡cantad!	*¡comed!*	*¡abrid!*

d) Nach gewissen Konjunktionen (S. Lektion 17):
cuando = wenn, *antes de que* = bevor, *hasta que* = bis (daß), *aunque* = obwohl, *como si* = als ob, *caso de que* = falls, *siempre que* = sofern, *para que* = damit, *de manera que* = so daß, z. B.: *Él vendrá aunque llueva* = Er wird kommen, auch wenn es regnet.
Te lo aclaro para que no hagas más esta falta = Ich erkläre es dir, damit du diesen Fehler nicht mehr machst.

e) Für den Bedingungssatz mit *si* s. Lektion 19.

ANHANG

Begriffe, Redewendungen und

Wörterverzeichnis

¿Cómo está usted?	Wie geht es Ihnen?
¿Cómo estás?	Wie geht es dir?
(Muchas) gracias, muy bien. ¿Y Vd. (tú)?	(Vielen) Dank, sehr gut, und Ihnen (dir)?
Bastante bien	Ziemlich gut, ordentlich.
¡Que lo pase bien!	Lassen Sie es sich gut gehen.
Buenos días (hasta el almuerzo	bis zum Mittagessen) Guten Tag
Buenas tardes (después del almuerzo	nach dem M.) Guten Tag
Buenas noches	Guten Abend, gute Nacht (nach Anbruch der Dunkelheit)
Adiós	Leben Sie wohl, adieu
¡Que descanse!	Angenehme Ruhe
Hasta la vista, hasta pronto	Auf (baldiges) Wiedersehen
Hasta luego	fr. à bientôt, engl. so long
Muchas felicidades	Herzlichen Glückwunsch
Le felicito	Gratuliere
Mucha suerte	Viel Glück
Mi más sentido pésame	Mein herzliches Beileid
Hace buen (mal) tiempo	Es ist gutes (schlechtes) Wetter
Hace sol — Hace viento	Die Sonne scheint — Es ist windig
Llueve — Nieva	Es regnet — Es schneit
Está nublado	Es ist bewölkt
Un billete de segunda clase para Madrid	Eine Fahrkarte zweiter Klasse nach Madrid
Ida y vuelta	Hin und zurück
¿Cuándo sale el tren?	Wann fährt der Zug ab?
¿Desde qué vía?	Von welchem Gleis?
¿Cuándo saldrá el próximo directo?	Wann fährt der nächste Schnellzug ab?
Ya llega el tren	Da kommt der Zug an
¡Mozo! ¿Me lleva estas maletas hasta la vía número 14?	Gepäckträger! Bringen Sie mir diese Koffer zum Gleis 14?
Hasta la consigna	Zur Gepäckaufbewahrung
¡Viajeros al tren!	Bitte einsteigen!
¡Taxi! Al hotel Plaza. A la calle de Santana.	Taxi! Zum Plaza-Hotel. Zur Santanastraße.
¿Cuánto es? ¿Cuánto le debo?	Was macht das aus? Was bin ich Ihnen schuldig?
¿Cómo tengo que ir para llegar a	Wie muß ich fahren, um nach

Guadalajara?	G. zu kommen?
Todo recto = todo seguido	Geradeaus
A la izquierda, a la derecha	Links, rechts
La próxima carretera a la izquierda	Die nächste Landstraße links
El cruce de carreteras	Landstraßenkreuzung
Camarero, la lista de platos (el menú), por favor	Kellner, bitte die Speisekarte
La cuenta, por favor	Bitte die Rechnung (nicht etwa: *pagar*)
¿Dispense Vd., dónde está el water?	Entschuldigen Sie, wo ist die Toilette?
¿Podría decirme dónde hay una peluquería?	Könnten Sie mir sagen, wo es einen Friseur gibt?
¿Puedo pedirle un favor?	Darf ich Sie um etwas bitten?
¿Me puede cambiar mil pesetas?	Können Sie mir 1000 Peseten wechseln?
Con mucho gusto	Mit Vergnügen = gerne
No hay de qué	Bitte = es ist nicht der Rede wert
¡Servidor de Vd!	Zu (Ihren) Diensten!
Cuente Vd. conmigo	Zählen Sie auf mich
Vd. puede contar con eso	Sie können darauf rechnen
¡Perdón! ¡Perdóneme Vd.! ¡Disculpe! ¡Excuse!	Verzeihung! Pardon!
¿Conoce Vd. a esta señorita?	Kennen Sie dieses Fräulein?
(No) tengo el gusto de conocerla	Ich habe (nicht) das Vergnügen, sie zu kennen
Ya lo creo	Das glaube ich wohl
¿Cuántos años tiene Vd.? ¿Qué edad tiene Vd.?	Wie alt sind Sie?
¿Cuándo nació?	Wann sind Sie geboren?
El 3 (tres) de Abril de 1933 (mil novecientos treinta y tres)	Am 3. April 1933
Hoy estamos a 28 de Mayo.	Heute ist der 28. Mai.
Es jueves.	Es ist Donnerstag.
¿Es día de asueto (= día festivo) o de trabajo?	Ist es ein Feier- oder ein Arbeitstag?

VOCABULARIO DE LA VIDA DE TODOS LOS DIAS = ALLTAGSWORTSCHATZ

El cuerpo humano = Der menschliche Körper

la cabeza der Kopf
la cara, el rostro das Gesicht, das Antlitz
la oreja das Ohr, die Ohrmuschel
los ojos die Augen
las pestañas die Augenwimpern
la frente die Stirn
la nariz die Nase
la boca y los labios der Mund und die Lippen
la lengua die Zunge
la dentadura das Gebiß
los dientes die Zähne
la mejilla, el carrillo die Backe
la vista der Gesichtssinn
el oído der Gehörsinn, das Ohr als Organ
el olfato der Geruchsinn
el gusto der Geschmack
los cabellos die Haare
la barba der Bart, das Kinn
el tronco der Rumpf
el cuello der Hals
el hombro die Schulter
el pecho die Brust
el seno der Busen
las espaldas der Rücken
el costado, el lado die Seite
la cadera die Hüfte
la costilla die Rippe
el vientre der Leib, der Bauch
la garganta die Kehle
los pulmones die Lungen

la respiración die Atmung
el corazón das Herz
la circulación de la sangre der Blutkreislauf
el estómago der Magen
el hígado die Leber
el apéndice cecal der Blinddarm
la vejiga die Blase
los riñones die Nieren
los músculos die Muskeln
los huesos die Knochen
los movimientos die Bewegungen
la piel die Haut
las extremidades die Gliedmaßen
la mano die Hand
la muñeca das Handgelenk
la palma die Handfläche
la articulación das Gelenk
el dedo der Finger
el pulgar der Daumen
el índice der Zeigefinger
la uña der Nagel
el codo der Ellenbogen
las extremidades inferiores die unteren Gliedmaßen
el muslo der Oberschenkel
la pierna das Bein, der Unterschenkel
el pie der Fuß
la rodilla das Knie
la pantorrilla die Wade
la planta del pie die Fußsohle
el dedo del pie die Zehe

Enfermedades = Krankheiten

el dolor der Schmerz
la dolencia das Leiden (chronisch)
la infección die Ansteckung
la erupción der Ausschlag
el enfriamiento die Erkältung
la pulmonía die Lungenentzündung
la amigdalitis die Mandelentzündung
la gripe die Grippe
la ronquera die Heiserkeit
los dolores de cabeza die Kopfschmerzen
la indigestión die Verdauungsstörung
la herida die Verletzung
la intoxicación de la sangre die Blutvergiftung
la hinchazón die Geschwulst
la contusión die Quetschung
tener mala cara schlecht aussehen
caer enfermo krank werden
coger un constipado einen Schnupfen bekommen
padecer de insomnio an Schlaflosigkeit leiden
resfriarse, coger frío sich erkälten
tener palpitaciones Herzklopfen haben
tener tos den Husten haben
sufrir un accidente grave einen schweren Unfall erleiden
romperse el brazo den Arm brechen
ser reconocido por el médico vom Arzt untersucht werden
poner un vendaje provisional einen Notverband anlegen
tomar una píldora eine Pille einnehmen

Los vestidos = Die Kleidung

trajes de caballero Herrenkleidung
vestidos de señora Damenkleidung
un traje hecho ein fertiger Anzug
un traje a (la) medida ein Anzug nach Maß
el smoking der Smoking
la chaqueta die Jacke
los pantalones die Hose
los calzoncillos die Unterhosen (Herren)
la camisa das Hemd
los calcetines die Socken
los tirantes die Hosenträger
la corbata die Krawatte
el paraguas der Regenschirm
la cartera die Brieftasche
el sastre der Schneider
un sombrero de paja ein Strohhut
el zapatero der Schuhmacher
el calzado das Schuhwerk
los zapatos die Schuhe
la suela die Sohle
el cordón de zapatos der Schnürsenkel
la falda der Rock
las enaguas der Unterrock
el delantal die Schürze
la blusa die Bluse
la aguja die Nadel
el hilo das Garn, der Faden
el dedal der Fingerhut
el alfiler die Stecknadel
el velo der Schleier
el broche die Brosche
el abanico der Fächer
la sombrilla der Sonnenschirm
el cinturón der Gürtel
la pulsera das Armband
la sortija der Ring

planchar y almidonar la ropa die Wäsche plätten und stärken
mandar echar suelas a los zapatos die Schuhe besohlen lassen
coser un botón einen Knopf annähen
quitar una mancha einen Fleck entfernen
el quitamanchas Fleckenwasser
los vestidos dan honor Kleider machen Leute

La familia y las fiestas = Familie und Festtage

padre y madre Vater und Mutter
los padres die Eltern
hijo e hija Sohn und Tochter
hermano y hermana Bruder und Schwester
los hermanos die Geschwister
abuelo y abuela Großvater und Großmutter
los abuelos die Großeltern
tío y tía Onkel und Tante
primo y prima Vetter und Base
cuñado y cuñada Schwager und Schwägerin
suegro y suegra Schwiegervater und Schwiegermutter
yerno y nuera Schwiegersohn und Schwiegertochter
hijastro e hijastra Stiefsohn und Stieftochter
padrastro y madrastra Stiefeltern
hermanastro y hermanastra Stiefbruder und Stiefschwester
parientes y conocidos Verwandte und Bekannte
la parentela die Verwandtschaft
novio y novia Bräutigam und Braut
señor, marido, esposo Herr, Gemahl, Gatte
señora, mujer, esposa Frau, Gemahlin, Gattin
viudo y viuda Witwer und Witwe
el caudal das Vermögen
el cumpleaños der Geburtstag
el nacimiento die Geburt
el bautismo die Taufe
la niñez die Kindheit
la juventud die Jugend
los esponsales die Verlobung
el casamiento, el enlace die Heirat
la ceremonia nupcial, las bodas die Hochzeitsfeier
los anillos nupciales die Trauringe
la muerte, el fallecimiento der Tod
el muerto, el difunto der Tote, der Verstorbene
el entierro das Begräbnis
el cementerio, el camposanto der Friedhof

hacer su primera comunión seine erste Kommunion halten
pedir en matrimonio zur Frau begehren
contraer esponsales sich verloben
efectuar la boda, verificar el casamiento die Vermählung vollziehen
ser soltero Junggeselle sein
volverse a casar sich wieder verheiraten
cumplir años Geburtstag feiern
hacer testamento Testament machen
el día de fiesta } der Festtag
el día festivo }
las vacaciones die Ferien
el día de trabajo der Werktag
el día de Año Nuevo der Neujahrstag
Pascua Ostern
la Resurrección del Señor die Auferstehung des Herrn
Domingo de Pascua Ostersonntag
Ascensión, el día de la Ascensíon Himmelfahrtstag
Pentecostés Pfingsten
Día del Corpus Fronleichnamstag
Noche Buena Weihnachtsabend
la función die Vorstellung
el desfile militar die Militärparade
la feria der Jahrmarkt, die Messe
el festival das Festspiel
la procesión der Umzug
la imagen das Heiligenbild
la cofradía die Brüderschaft
acordarse de algo, recordar algo sich an etwas erinnern
vestirse de gala sich festlich kleiden
recibir una tarjeta de felicitación eine Glückwunschkarte erhalten
felicitar por carta schriftlich gratulieren

Comidas y bebidas = Essen und Trinken

las comidas die Mahlzeiten
el desayuno das erste Frühstück
el almuerzo das zweite Frühstück, Mittagessen
la comida das Mittagessen
la cena das Abendessen
el plato der Teller, das Gericht
la taza die Tasse
la fuente die Platte
la sopera die Suppenschüssel
el cestillo del pan das Brotkörbchen
la vasija das Gefäß
un vaso para cerveza ein Bierglas
un vaso de licor ein Glas Likör
una copa de vino ein Becher, ein Glas Wein
la cafetera die Kaffeekanne
el sacacorchos der Korkenzieher
la caja, la cajita die Büchse, die Dose
las especias die Gewürze
el azucarero die Zuckerdose
el salero der Salznapf
el frutero die Fruchtschale
el cubierto das Besteck
la cuchara der Löffel
el tenedor die Gabel
el cuchillo das Messer
el mondadientes der Zahnstocher
un olor agradable ein angenehmer Geruch
la taberna die Kneipe
el hotel das Hotel
la fonda, la posada der Gasthof
el fondista, el patrón der Wirt
el camarero, el mozo der Kellner
el servicio die Bedienung
la lista de platos die Speisekarte
los entremeses die Vorspeisen, Hors-d'œuvre

el caldo die Fleischbrühe
caldo con huevos Bouillon mit Ei
platos de carne Fleischspeisen
la ternera das Kalbfleisch
el asado der Braten
carnero asado Hammelbraten
asado de cerdo Schweinebraten
vaca asada Rindsbraten
bistec Beefsteak
solomillo asado Lendenbraten
asado a la parrilla Rostbraten
carne en lata Büchsenfleisch
el fiambre der Aufschnitt, kalte Speisen
el jamón der Schinken
el salchichón, el embutido die Wurst
aves y caza Geflügel und Wild
ganso Gans
pato Ente
pollo Huhn
paloma Taube
pescados Fischspeisen
verduras Gemüse
hortalizas Küchenkräuter
espárragos Spargel
tomates Tomaten
espinacas Spinat
zanahorias Karotten
guisantes grüne Erbsen
coliflor Blumenkohl
apio Sellerie
ajo Knoblauch
cebolla Zwiebel
arroz Reis
setas Pilze
pepinos Gurken
patatas fritas Pommes frites
ensalada Salat

lechuga Kopfsalat
escarola Endiviensalat
perejil Petersilie
col Kohl
huevos Eierspeisen
huevos fritos Spiegeleier
huevos revueltos Rühreier
huevos pasados por agua weichgekochte Eier
huevos duros hartgekochte Eier
tortilla Eierkuchen, Omelette
postres Nachtisch
queso Käse
frutas Obst
compota Kompott
confituras eingemachte Früchte
uvas Weintrauben
naranjas Apfelsinen
limones Zitronen
flan, pudín Pudding
plato de dulce süße Speise
panecillo Brötchen, Semmel
pastel Kuchen
barquillo Waffel
nata batida Schlagsahne
refrescos Erfrischungen
limonada Limonade
helado Eis
agua mineral Mineralwasser
bebidas Getränke
vino tinto Rotwein
vino blanco Weißwein
tener muchas ganas de comer tüchtigen Appetit haben
echar el azúcar al café den Zucker in den Kaffee tun
abrir, descorchar una botella eine Flasche öffnen
dar propina al camarero dem Kellner Trinkgeld geben

La casa y la vivienda = Haus und Wohnung

el edificio das Gebäude
el domicilio der Wohnsitz, der Wohnort
la morada der Wohnsitz = Haus
la fachada die Vorderseite
el sótano, la cueva der Keller
la bodega der Weinkeller
el entresuelo das Zwischengeschoß
el balcón der Balkon
el muro die Mauer
la azotea das flache Dach
la veleta die Wetterfahne
la escalera die Treppe
el escalón die Stufe
el ascensor der Fahrstuhl
la cañería de agua die Wasserleitung
el establo der Stall
el patio der Hof
la salida, la puerta der Ausgang
la entrada delantera der Vordereingang
la entrada trasera der Hintereingang
el casero, el propietario der Hausbesitzer
el ama de casa die Haushälterin
el inquilino der Mieter
la llave de la casa der Hausschlüssel
la quinta, la casa de campo das Landhaus
estar en casa zu Hause sein
quedarse en casa zu Hause bleiben
gobernar bien la casa den Haushalt gut führen
ir a casa nach Hause gehen
la vivienda, la morada die Wohnung
el cuarto, la habitación das Zimmer
la sala de recibir das Empfangszimmer
el salón de lectura das Lesezimmer
el cuarto de baño das Badezimmer
el cuarto para huéspedes das Fremdenzimmer

un dormitorio con dos camas ein Schlafzimmer mit zwei Betten
un comedor ein Speisezimmer
la luz eléctrica das elektrische Licht
el muro die Mauer
la pared die Wand
la cortina die Gardine, der Vorhang
la alfombra der Teppich
el cuadro das Bild
la ventana das Fenster
la puerta die Tür
limpiar, fregar, ventilar una habitación ein Zimmer reinigen, scheuern, lüften
hacer antesala im Vorzimmer warten
asomarse por la ventana sich zum Fenster hinauslehnen
los muebles die Möbel
la mesa der Tisch
el lavabo der Waschtisch
la silla der Stuhl
el sillón der Lehnstuhl
el armario der Schrank
el armario ropero der Kleiderschrank
el mantel das Tischtuch
el almohadón das Kissen
la funda der Bettüberzug
la sábana das Bettuch
la almohada das Kopfkissen
la colcha das Deckbett
una toalla limpia ein sauberes Handtuch
el jabón die Seife
la jabonera die Seifenschale
el vaso das Wasserglas
la bañera die Badewanne
el peine der Kamm
el cepillo para los dientes die Zahnbürste
la pasta para los dientes die Zahnpasta
sentarse, tomar asiento sich setzen, Platz nehmen
mirarse en un espejo sich im Spiegel betrachten

peinarse, arreglarse el pelo sich die Haare kämmen
limpiarse la cabeza con un cepillo sich die Haare bürsten
cortarse las uñas sich die Nägel schneiden
secarse, enjugarse las manos sich die Hände abtrocknen
poner la mesa den Tisch decken
acostarse, ir a la cama zu Bett gehen
dormirse einschlafen
despertarse aufwachen
levantarse aufstehen
vestirse sich ankleiden

La localidad = Die Ortschaft

el lugar der Ort (allgemein)
el pueblo Dorf, Volk
la aldea das Dorf (klein)
la villa, das Dorf (größer)
la ciudad die Stadt
la población die Bevölkerung, die Stadt
la capital die Hauptstadt
el barrio, el suburbio das Stadtviertel, der Vorort
los alrededores, las afueras die Umgebung
el habitante der Einwohner
la calle principal Die Hauptstraße
la calle lateral die Nebenstraße
la travesía die Querstraße
la avenida die Allee, die Avenue
la esquina de una calle die Straßenecke
el paseo die Promenade
el parque der Park
el movimiento en las calles der Straßenverkehr
la acera der Bürgersteig
el vehículo das Fahrzeug
el peatón der Fußgänger
el mercado der Marktplatz
la plaza de toros die Stierkampfarena
el puente die Brücke
el paso, el pasaje der Durchgang
la fuente der Brunnen
la plaza del mercado der Marktplatz
el cruce die Kreuzung
el empedrado das Pflaster
una tienda ein Laden
el almacén das Lager, das Warenhaus
el escaparate das Schaufenster
el kiosco de periódicos der Zeitungsstand
la iglesia católica die katholische Kirche
la catedral die Kathedrale

las campanas die Glocken
el hospital, la clínica das Krankenhaus
el puesto de policía das Polizeiamt
el jardín zoológico der Zoologische Garten
la biblioteca pública die Öffentliche Bibliothek
el museo de pinturas die Gemäldegalerie
el museo histórico das historische Museum
el teatro das Theater
la embajada das Gesandtschaftsgebäude
el consulado das Konsulat
el palacio de justicia das Gerichtsgebäude
el ayuntamiento, la casa consistorial das Rathaus
visitar las curiosidades de una ciudad die Sehenswürdigkeiten einer Stadt besichtigen
dar una vuelta por la ciudad einen Rundgang durch die Stadt machen
estar abierto todo el día den ganzen Tag geöffnet sein
cruzar la calle über die Straße gehen
informarse detalladamente de las curiosidades de un museo sich genau über die Sehenswürdigkeiten eines Museums unterrichten

la estación central der Hauptbahnhof
la fonda de la estación das Bahnhofsrestaurant
el andén der Bahnsteig
el ferrocarril de montaña die Bergbahn
el ferrocarril funicular die Drahtseilbahn
el ferrocarril subterráneo die Untergrundbahn
el tren directo der durchgehende Zug
el tren rápido der Schnellzug
el tren de viajeros der Personenzug
el tren de mercancías der Güterzug
el tren especial der Sonderzug
el coche, el vagón der Wagen
el coche cama der Schlafwagen
el coche comedor der Speisewagen
el furgón der Gepäckwagen
departamentos vacíos y llenos leere und volle Abteile
el asiento de ventanilla der Eckplatz
departamento de fumadores Raucherabteil
el freno die Bremse
la ventanilla de billetes der Fahrkartenschalter
el billete sencillo die einfache Fahrkarte
el billete de ida y vuelta die Rückfahrkarte
el billete de andén die Bahnsteigkarte
el despacho de equipajes die Gepäckabfertigung
la distribución, el reparto de equipajes die Gepäckausgabe
el equipaje (los bultos) de mano das Handgepäck
el talón de equipajes der Gepäckschein
el mozo der Gepäckträger
el suplemento, el recargo der Zuschlag
el pago adicional die Nachzahlung
la reducción die Ermäßigung
el reembolso die Rückzahlung
la sala de espera der Wartesaal
media hora de parada eine halbe Stunde Aufenthalt
el enlace de trenes der Anschluß

el transbordo, el cambio de tren das Umsteigen
el revisor der Schaffner (Eisenbahn)
el jefe de estación der Bahnhofsvorsteher
la hora de llegada die Ankunftszeit
la hora de salida die Abfahrtszeit
ir en ferrocarril mit der Eisenbahn fahren
alcanzar el tren den Zug erreichen
dejar escapar, perder el tren den Zug versäumen
no tener empalme keinen Anschluß haben
ocupar un asiento de ventanilla einen Eckplatz belegen
sacar un billete para eine Fahrkarte lösen nach
llevar (traer) dos horas de retraso 2 Stunden Verspätung haben
subir al tren in den Zug steigen
apearse, bajar del tren aussteigen
poner en la red ins Netz legen
no arrimarse a la portezuela sich nicht an die Wagentür lehnen
facturar su equipaje sein Gepäck aufgeben

el vapor der Dampfer
el buque, el navío, el barco das Schiff
el vapor de recreo der Vergnügungsdampfer
la barca, el bote das Boot, der Kahn
el puerto der Hafen
la lancha de salvamento das Rettungsboot
la barca de remos das Ruderboot
la barca de pesca das Fischerboot
la lancha motora das Motorboot
la cubierta das Deck
el camarote die Kabine
el desembarcadero der Landungsplatz (für Boote)
marearse seekrank werden
subir a cubierta auf Deck gehen
bajar a tierra an Land gehen
hacer escala anlaufen

Viajes, vacaciones, diversiones, deporte = Reisen, Urlaub, Unterhaltung, Sport

el viaje de recreo die Erholungsreise
el viaje por mar die Seereise
la travesía die Überfahrt
el viaje playero die Badereise ans Meer
el viaje circular die Rundreise
el viaje de negocios die Geschäftsreise
el término del viaje das Reiseziel
la agencia de viajes das Reisebüro
el itinerario der Fahrplan
a la ida auf der Hinfahrt
a la vuelta auf der Rückfahrt
el turista der Tourist
el viajero der Reisende
el guía der Reiseführer
el pasaporte der Reisepaß
el alpinista der Bergsteiger
el veraneo, el lugar veraniego die Sommerfrische
la casa de huéspedes (de viajeros) das Gasthaus
la bajada der Abstieg
la subida der Aufstieg
la aduana das Zollamt
el aduanero der Zollbeamte
los derechos die Zollgebühren
el baúl der Koffer (groß)
la maleta der Handkoffer
el saco de viaje die Reisetasche
la mochila der Rucksack
los gemelos das Fernglas
hacer un viaje (ir) al campo, a las montañas, a baños de mar aufs Land, ins Gebirge, an die See reisen
ir a pie zu Fuß gehen, wandern
ir a veranear in die Sommerfrische gehen
estar para salir im Begriff sein abzufahren
encaminarse a, dirigirse hacia (a) sich begeben nach . . .

volver a salir wieder abreisen
seguir una calle eine Straße in der Stadt entlang gehen
preguntar a un guardia einen Polizisten fragen
acreditar su personalidad sich ausweisen
no tener nada que declarar nichts zu verzollen haben
todo esto es de mi uso personal das ist alles für meinen persönlichen Gebrauch
la distracción die Zerstreuung, die Abwechslung
el recreo die Erholung
el pasatiempo der Zeitvertreib
la tertulia nocturna, la velada die Abendgesellschaft
la invitación, el convite die Einladung
la conversación de mesa die Tischunterhaltung
la reunión de baile die Tanzgesellschaft
la taquilla del teatro die Theaterkasse
la guardarropía die Garderobe
la escena die Bühne
el telón der Vorhang
el traje das Kostüm
actor, actriz Schauspieler, Schauspielerin
el cantor, el cantante der Sänger
la cantatriz, la cantante die Sängerin
una función de tarde eine Nachmittagsvorstellung
el fútbol der Fußballsport
el ciclismo der Radsport
la equitación der Reitsport
la carrera de caballos das Pferderennen
la corrida de toros der Stierkampf
la natación das Schwimmen
la pista de tenis der Tennisplatz
el equipo die Mannschaft
practicar, dedicarse al deporte sich dem Sport widmen

El correo = Die Post

(la oficina de) correos das Postamt
el cartero der Briefträger
el empleado de correos der Postbeamte
la taquilla, la ventanilla der Schalter
el reparto de paquetes die Paketausgabe
el paquete das Paket
la tarjeta postal con respuesta die Postkarte mit Antwort
la tarjeta ilustrada, con vista die Ansichtspostkarte
el sello die Briefmarke
poner un sello eine Briefmarke aufkleben
echar al buzón in den Briefkasten werfen
echar al correo aufgeben
el matasellos der Poststempel
la carta certificada der Einschreibebrief
la carta con valores declarados der Wertbrief
el remitente der Absender
el destinatario der Empfänger
contra reembolso gegen Nachnahme
en lista de correos postlagernd
franco de porte portofrei
la sobretasa, el recargo das Strafporto, Nachgebühr
la libranza de correos die Postanweisung
el giro postal die Zahlkarte
el telegrama das Telegramm
la dirección telegráfica die Telegrammadresse
el teléfono das Telefon
el locutorio, teléfono publico die öffentliche Fernsprechstelle
el telefonema das Telefongespräch
estar en correspondencia con . . . in Briefwechsel stehen mit . . .
escribir con claridad deutlich schreiben

El tiempo = Das Wetter

¿cómo está el tiempo?
¿que tiempo hace? } Wie ist das Wetter?

bueno gut
malísimo sehr schlecht
fresco kühl
frío kalt
claro klar
cubierto bedeckt
seco trocken
húmedo feucht, naß
caliente warm, heiß
pesado schwül
ventoso windig
borrascoso stürmisch
agradable angenehm
desagradable unangenehm
sombrío trübe
lluvioso regnerisch
nublado, brumoso nebelig, bewölkt
espléndido, soberbio herrlich, prächtig
variable veränderlich
templado gemäßigt
la tempestad das Unwetter
la tormenta das Gewitter
el trueno der Donner
la lluvia der Regen
la nieve der Schnee
del este von Osten
del sur von Süden
del norte von Norden
del oeste von Westen
la nube die Wolke
un clima suave, áspero ein mildes, rauhes Klima
el barómetro sube das Barometer steigt
el termómetro baja das Thermometer fällt
diez grados bajo, sobre cero zehn Grad unter, über Null

las condiciones meteorológicas die Witterungsverhältnisse
una temperatura alta, media, baja eine hohe, mittlere, niedrige Temperatur
hace mucho calor, hace un calor intenso es ist sehr heiß
hizo un frío glacial es war eiskalt
hace sol die Sonne scheint
se ha calmado el viento der Wind hat sich gelegt
va a llover es wird gleich regnen
ha parado (cesado) de llover es hat aufgehört zu regnen
seguirá malísimo el tiempo das Wetter wird sehr schlecht bleiben
el tiempo se aclara, se arregla, mejora das Wetter heitert sich auf, bessert sich
tomar el aire frische Luft schöpfen

El tiempo = Die Zeit

el día der Tag
el otro día neulich
un día eines Tages
a todas las horas del día zu jeder Tageszeit
en ocho días in acht Tagen
hace quince días vor vierzehn Tagen
al día siguiente am folgenden Tage
los doce meses del año die zwölf Monate des Jahres
enero febrero marzo abril mayo junio julio agosto se (p)tiembre octubre noviembre diciembre
las estaciones die Jahreszeiten
la primavera der Frühling
el verano der Sommer
el otoño der Herbst
el invierno der Winter
a principios de enero Anfang Januar
a mediados de marzo Mitte März
a finales de octubre Ende Oktober
esta mañana heute morgen
anoche gestern abend
pasado mañana übermorgen
anteayer vorgestern
por la tarde nachmittags
al mediodía mittags
a medianoche um Mitternacht
mañana por la mañana morgen früh
mañana por la tarde morgen nachmittag
el mes pasado im vergangenen Monat
tres meses ein Vierteljahr
año y medio anderthalb Jahr
un decenio ein Jahrzehnt
un siglo ein Jahrhundert
ahora mismo jetzt gleich
en seguida, immediatamente sofort
dentro de poco binnen kurzem

la semana que viene nächste Woche
es temprano todavía es ist noch früh
no corre prisa es hat noch Zeit
en lo futuro, en el porvenir in Zukunft
¿a cuántos estamos hoy? den wievielten haben wir heute?
¿en qué día de la semana estamos? welchen Tag haben wir heute?
¿qué hora es? wie spät ist es?
es la una es ist ein Uhr
no son todavía las nueve, pero no le falta mucho es ist noch nicht 9 Uhr, aber es fehlt nicht viel
ya es mediodía es ist schon Mittag
da la media es schlägt halb
acaban de dar las diez es hat soeben 10 Uhr geschlagen
¡cómo pasa el tiempo! wie die Zeit vergeht!
llegar a tiempo zur rechten Zeit ankommen

Angeführt sind die wichtigsten in den 21 Lektionen dieses Kurses vorkommenden Wörter mit ihren hier vorkommenden Bedeutungen

A

zu Abend essen	*cenar*
aber	*pero*
Abfertigung	*el despacho*
abliefern	*entregar*
Abreise, Ausgang	*la salida*
abreisen	*partir*
Absatz (Schuh)	*el tacón*
Abstaubwedel, „Flaumer"	*los zorros*
Abstecher	*la escapada*
abwaschen, spülen (Geschirr)	*fregar (ie)*
sich in Acht nehmen	*guardarse*
acht	*ocho*
achter, -e, -es	*octavo, -a*
achtzehn	*dieciocho*
achtzig	*ochenta*
adieu	*adiós*
ähnlich	*parecido, -a*
Aktentasche	*la cartera de documentos*
alle	*todos, -as*
alt	*viejo, -a; antiguo, -a*
anbieten	*ofrecer*
Andenken	*el recuerdo*
ändern, wechseln	*cambiar*
ander	*otro, -a*
anders	*de otra manera*
Anfang	*el principio*
anfangen	*empezar (ie)*
anlegen (Schiff)	*arribar*
ankleiden	*vestir (i)*

ankommen	*llegar*
Antwort	*la respuesta*
antworten	*responder*
Anmut	*el garbo*
Anstellung	*la colocación*
anzünden	*encender (ie)*
guten Appetit	*buen apetito, buen provecho*
applaudieren	*aplaudir*
Aprikose	*el albaricoque*
April	*abril*
arbeiten	*trabajar*
Arbeiter	*el obrero*
Arm	*el brazo*
arm	*pobre*
atmen	*respirar*
Aubergine, Eierfrucht	*la berenjena*
auch	*también*
auch nicht	*tampoco*
auf, über	*sobre*
aufhängen	*colgar (ue)*
aufhören	*dejar, acabar de*
aufstehen	*levantarse*
früh aufstehen	*madrugar*
auf Wiedersehen	*hasta la vista; hasta pronto*
Auge	*el ojo*
August (Monat)	*agosto*
aus, von ... weg	*desde*
aushändigen	*entregar*
Ausland, Ausländer	*el extranjero*
ausnützen	*explotar*
auspacken (die Koffer)	*deshacer (las maletas)*
ausreißen	*arrancar*
ausruhen	*descansar*
außerdem	*además*
Aussicht	*la vista*
Aussteuer	*la dote*
Auswahl	*el surtido*
auswählen	*elegir (i)*
Auto	*el auto*
Autobus	*el autobús*
Automat	*el automático*

B

backen	*freir (i)*
baden	*bañarse*
Badetuch	*la toalla*
Badewanne	*la bañera*
Badezimmer	*el cuarto de baño*
Balkon	*el balcón*
Banane	*el plátano*
barfuß	*descalzo, -a*
bauen	*construir*
Bauer	*el campesino*
Baum	*el árbol*
beachten	*atender (ie)*
bedecken	*cubrir*
Bedeutung	*el significado*
Bedingung	*la condición*
bedruckt	*estampado, -a*
beeindrucken	*impresionar*
beendigen	*acabar*
sich befinden	*hallarse; encontrarse (ue)*
befürchten, Angst haben	*tener miedo*
begegnen, treffen	*encontrar (ue)*
beginnen	*empezar (ie)*
beglückwünschen	*felicitar*
behaupten	*afirmar*
Behörden	*las autoridades*
beinahe	*casi*
zum Beispiel	*por ejemplo*
beitragen	*contribuir*
beiwohnen	*presenciar*
bekannt	*conocido, -a*
belebt, munter	*animado, -a*
bemerken	*darse cuenta*
beneiden	*envidiar*
benötigen, brauchen	*necesitar*
Berg	*el monte; la montaña*
bereit	*listo, -a*
berühmt	*famoso, -a; célebre*
Besen	*la escoba*
Besitzer	*el propietario*

besprechen	*comentar*
besser	*mejor*
besuchen	*visitar*
betrachten	*contemplar; considerar*
Bett	*la cama*
bevor	*antes de que*
beweisen	*probar (ue)*
beweisen, zeigen	*mostrar (ue)*
bewirten	*agasajar*
bewölkt	*nublado, -a*
bezahlen	*pagar*
bezaubernd	*encantador, -a*
Bild	*la imagen*
Bild (Wandbild)	*el cuadro*
billig	*barato, -a*
bis; bis, daß	*hasta; hasta que*
bitte schön	*por favor*
bitten	*rogar (ue)*
bitten = verlangen	*pedir (i)*
bitten um, ansuchen	*solicitar*
blau	*azul*
bleiben	*quedarse*
blond	*rubio, -a*
Blume	*la flor*
Boden	*el suelo*
Boot	*la barca*
an Bord gehen	*subir a bordo*
böse	*malo, -a*
braun (Haut)	*moreno, -a*
Braut, Bräutigam	*la novia, el novio*
brechen	*romper*
breit	*ancho, -a*
Brief	*la carta*
Briefmarke	*el sello*
bringen	*traer*
Brot	*el pan*
Brücke	*el puente*
Bruder	*el hermano*
Bub; kleiner Bub	*el chico; el chiquillo*
Buch	*el libro*
Bucht	*la bahía*

Buffet	*el aparador*
Bügeleisen	*la plancha*
bügeln	*planchar*
buntgefleckt	*pinto, -a*
Bürste	*el cepillo*
Büstenhalter	*el sostén*
Butter	*la mantequilla*

C

Christentum	*el Cristianismo*

D

Dame	*la señora*
Damenhöschen	*las bragas*
damit	*para que*
danke schön	*gracias*
danken	*dar las gracias*
dann, da	*entonces*
darstellen	*representar*
dauern	*durar*
denn	*pues*
Dessert	*los postres*
deutsch	*alemán, alemana*
Deutschland	*Alemania*
Dezember	*diciembre*
dick = beleibt	*gordo, -a*
Dieb	*el ladrón*
dienen	*servir (i)*
Dienstag	*martes*
Dienstmädchen	*la criada*
Doktor, Arzt	*el doctor*
Donnerstag	*jueves*
Dose, Büchse	*la lata*
Dorf	*el pueblo* (s. a. Seite 133)
dort	*allí*
drei	*tres*
dreißig	*treinta*
dreizehn	*trece*

drinnen	*dentro de*
dritter, -e, -es	*tercero, -a (tercer* vor Hauptw.)
dumm	*tonto, -a*
durch	*por*
dürfen	*tener permiso*
Durst haben	*tener sed*

E

Ebene	*la llanura*
echt	*auténtico, -a*
Ecke	*la esquina*
Effekten	*los efectos*
Ehepaar	*el matrimonio*
ehrlich, rechtschaffen	*honrado, -a*
Ei	*el huevo*
eigen	*propio, -a*
ein, -e	*un, -a*
Eindruck	*la impresión*
einige	*unos, -as; algunos, -as*
einkaufen	*hacer la compra, comprar*
einpacken	*empaquetar*
einsam	*solitario, -a*
sich einschiffen	*embarcarse*
Eintritt(skarte)	*la entrada*
einverstanden sein	*estar conforme*
Einwohner	*el habitante*
Eisenbahn	*el ferrocarril* (s. a. Seite 135)
elektrisch	*eléctrico, -a*
elf	*once*
enden	*terminar*
endigen	*concluir*
endlich	*por fin*
eng	*estrecho, -a*
Entdecker	*el descubridor*
Entdeckung	*el descubrimiento*
entlang	*a lo largo de*
Entrüstung	*la indignación*
Erde	*la tierra*

erhalten	*obtener*
sich erinnern	*acordarse (ue)*
sich erkälten	*constiparse*
erkennen	*reconocer*
erklären, verzollen	*declarar*
sich erkundigen	*informarse*
erläutern	*aclarar*
erledigen	*despachar*
erlöschen	*apagarse*
erraten	*adivinar*
ersetzen	*reemplazar*
erster, -e	*primero, -a (primer* v. Hauptw.)
erwachen	*despertarse; amanecer*
erzeugen	*producir*
Esel	*el burro, el asno*
essen	*comer*
Essen	*la comida*
Eßzimmer	*el comedor*
etwas	*algo*

F

Fabrik	*la fábrica*
Façon (bei Kleidern)	*la hechura*
Fahrkarte	*el billete*
Fährmann	*el barquero*
Fahrrad	*la bicicleta*
fallen	*caer*
falls	*caso de que*
Familie	*la familia*
Farbe	*el color*
Faust	*el puño*
Februar	*febrero*
Federdecke	*el edredón*
Fehler	*la falta*
feiern	*celebrar*
Feld	*el campo*
Fenster	*la ventana*
Fest	*la fiesta* (s. a. Seite 126)

feurig	*fogoso, -a*
Film	*la película*
finden	*hallar*
Fisch (Speise)	*el pescado*
Fischer	*el pescador*
Flasche	*la botella*
Fleisch	*la carne*
Fliege	*la mosca*
fliegen	*volar (ue)*
fliehen	*huir*
flott, sympathisch	*salado, -a*
folgen	*seguir (i)*
folgend	*siguiente*
fragen	*preguntar*
Fräulein	*la señorita*
Freiheit	*la libertad*
Freitag	*viernes*
fremd, ausländisch	*extranjero, -a*
sich freuen	*alegrarse*
Freude	*la alegría*
Freund	*el amigo*
Friede	*la paz*
Frucht, Obst	*la fruta*
früh	*pronto*
frühstücken	*desayunar*
fünf	*cinco*
fünfter, -e, -es	*quinto, -a*
fünfzehn	*quince*
fünfzig	*cincuenta*
fühlen	*sentir (ie)*
führen	*conducir*
Führer	*el guía*
für	*para*
fürchten	*temer*
Fuß	*el pie, los pies*
zu Fuß	*a pie*

G

Gabel	*el tenedor*
Garage	*el garaje*
Garten	*el jardín*
Gast	*el huésped*
gastfreundlich	*hospitalario, -a*
gebacken	*frito, -a*
geben	*dar*
Gebirge	*la sierra*
geboren werden	*nacer*
geduldig	*paciente*
den Gefallen tun	*hacer el favor*
gefährlich	*peligroso, -a*
gefüllt	*relleno, -a*
gefüttert	*forrado, -a*
gegen	*contra*
Gegend	*la región*
Geheimnis	*el secreto*
gehen	*ir*
gehorchen	*obedecer*
gelb	*amarillo, -a*
Geld	*el dinero*
Gelegenheit	*la ocasión*
Gemüse	*la verdura*
General	*el general*
Gepäckaufbewahrung	*la consigna*
Geranium	*el geranio*
ich habe gern	*me gusta*
gesalzen	*salado, -a*
Geschäftsmann	*el comerciante*
geschehen	*ocurrir*
Geschenk	*el regalo*
Geschirr	*la vajilla*
geschrieben	*escrito, -a*
gesegnet	*bendito, -a*
gesehen	*visto, -a*
Gesicht	*la cara*
Gespräch	*la conversación*
gestern	*ayer*
Gesundheit	*la salud*

Getränk	*la bebida*
Gewicht	*el peso*
sich gewöhnen	*acostumbrarse*
glänzen	*relucir*
Glas	*el vaso*
glauben	*creer*
gleich	*igual*
Glück, Schicksal	*la suerte*
Glück	*la fortuna; la felicidad*
glücklich	*feliz* (Mz. *felices*)
Grenze	*la frontera*
grün	*verde*
Gruppe	*el grupo*
Gruß	*el saludo*
grüßen	*saludar*
gut	Adj. *bueno, -a (buen* vor Hauptw.); Adv. *bien*
Güte	*la bondad*

H

Haar	*el pelo*
haben (Hilfszeitwort)	*haber*
haben = besitzen	*tener*
Hafen	*el puerto*
Hals	*el cuello*
Hand	*la mano*
handhaben	*manejar*
Handlung	*la acción*
Handschuh	*el guante*
Handtasche	*el bolso*
hängen	*colgar (ue)*
häßlich	*feo, -a*
Hauptbahnhof	*la estación central*
Hauptplatz	*la plaza principal*
Hauptstadt	*la capital*
Haus	*la casa*
Hausschuh	*la zapatilla*
heilig	*santo, -a*
Heim	*el hogar*

Heimweh	*la nostalgia; la añoranza*
heiraten	*casarse*
heißen	*llamarse*
helfen	*ayudar*
hell	*claro, -a*
Hemd	*la camisa*
Hemdennäherin	*la camisera*
herabsteigen	*descender (ie)*
hernach, dann	*luego*
Herr	*el señor*
Herr, Gentleman	*el caballero*
Herrensocken	*los calcetines de caballero*
herstammen	*provenir*
sich herumbalgen	*pelearse*
herzlich	*cordial*
heute	*hoy*
hier	*aquí*
Himmel	*el cielo*
hinaufsteigen	*subir*
hindern	*impedir (i)*
Hindernis	*el impedimento*
hinter	*detrás de*
hinüberfahren	*pasar*
hinuntergehen	*bajar*
hinunterspringen	*tirarse*
Hirschleder	*la piel de gamuza*
hoch	*alto, -a*
höflich	*cortés*
hoffen	*esperar*
hören	*oir*
Horn	*el cuerno*
Hors-d'œuvre	*los entremeses*
Hosen	*los pantalones*
Hotel	*el hotel*
hübsch	*guapo, -a*
Huhn	*la gallina*
hundert	*cien, ciento*
Hunger haben	*tener hambre*
Hustensirup	*el jarabe*
Hut	*el sombrero*
sich hüten	*cuidarse*

I/J

immer	*siempre*
importieren	*importar*
in	*en*
inner	*interior*
Inneres	*el interior*
Insel	*la isla*
Interesse haben	*tener interés*
ja; ja sagen	*sí; decir que sí*
Jacke	*la chaqueta*
jagen	*cazar*
Jahr	*el año*
Jahrhundert	*el siglo*
Januar	*enero*
jeder, -e, -es	Adj. *cada;* Fürwort *cada uno, -a*
jeden Tag	*cada día*
jemand	*alguien*
jener, -e, -es	*aquello, -a*
jetzt	*ahora*
Juli	*julio*
jung	*joven*
jungvermählt	*recién casado, -a*
Juni	*junio*
Juwelen	*las joyas*

K

kalt	*frío, -a*
Kamerad	*el compañero*
sich kämmen	*peinarse*
Kampf	*la lucha*
Katze	*el gato*
kaufen	*comprar*
kein	*ninguno, -a*
Kellner	*el camarero*
kennen	*conocer*
Kessel, Eimer	*el cubo*
Kinderlied	*la canción infantil*

Kindermädchen	*la niñera*
Kino	*el cine*
Kirche	*la iglesia*
Klammer	*la pinza*
Kleid, Anzug	*el traje*
Kleidung	*los vestidos*
kleiden	*vestir (i)*
klein	*pequeño, -a*
Klinik	*el hospital clínico*
Knabe	*el muchacho*
Knopf	*el botón*
kochen	*cocer (ue)*
Kochkessel	*la caldera*
Koffer	*la maleta*
kokettieren	*coquetear*
komfortabel	*confortable*
kommen	*venir*
König	*el rey*
können	*poder (ue)*
Kopf	*la cabeza*
Kopfkissen	*la almohada*
Korb, großer	*la canasta*
Körper	*el cuerpo* (s. a. Seite 123)
kostbar	*valioso, -a*
kosten	*costar (ue)*
kosten = probieren	*probar (ue)*
Kragen	*el cuello*
krank	*enfermo, -a*
Krankheit	*la enfermedad* (s. a. Seite 124)
Küche, Herd	*la cocina*
Kugelschreiber	*el bolígrafo*
Kuh	*la vaca*
Kuhhirt	*el vaquero*
kühl	*fresco, -a*
Kühlschrank	*la nevera*
kurz	*corto, -a*
Kuß	*el beso*
Küste	*la costa*
Kutteln	*los callos*

L

Lächeln	*la sonrisa*
lachen	*reir (i)*
Laden	*la tienda*
an Land gehen	*bajar a tierra*
Landkarte	*el mapa*
Landstraße	*la carretera*
lang	*largo, -a*
Lappen	*el paño; la bayeta*
Lärm	*el ruido*
lärmig	*ruidoso, -a*
lassen	*dejar*
laufen	*correr*
Leben	*la vida*
leben	*vivir*
legendär	*legendario, -a*
Legende	*la leyenda*
Lehnstuhl	*el sillón*
lehren	*enseñar*
leicht	*fácil*
leider	*desgraciadamente*
Leintuch	*la sábana*
leise	*quedamente (adv.)*
lernen	*aprender; estudiar*
lesen	*leer*
Leser, -in	*lector, -a*
letzt	*último, -a*
Leute	*la gente*
Licht	*la luz*
lieb	*querido, -a*
lieb = freundlich	*cariñoso, -a*
aus Liebe zu dir	*por amor a tí*
lieben	*querer (ie)*
Lift	*el ascensor*
Liftboy	*el botones; el ascensorista*
Likör	*el licor*
links	*a la izquierda*
Lippe	*el labio*
Löffel	*la cuchara*
löschen	*apagar*

Luft	*el aire*
Lust haben	*tener ganas*

M

machen	*hacer*
mächtig	*poderoso, -a*
Mädchen	*la chica*
kleines Mädchen	*la niña*
Mai	*mayo*
Mal, -e	*la vez, las veces*
malen	*pintar*
malerisch	*pintoresco, -a*
man	*se + 3. Person*
Mandelbaum	*el almendro*
Manschette	*el puño*
Margerite	*la margarita*
Marmelade	*la mermelada*
martialisch	*marcial*
März	*marzo*
Masche	*la carrera*
Maschen aufnehmen	*coger los puntos*
die Maße	*las medidas*
Matratze	*el colchón*
Maulesel	*el mulo*
Maurer	*el albañil*
Meer	*el mar*
Mehl	*la harina*
Mensch, Mann	*el hombre*
der menschliche Körper	*el cuerpo humano* (s. a. S. 123)
Menschenmenge	*el gentío*
merken	*notar*
Messe	*la misa*
Messer	*el cuchillo*
mieten	*alquilar*
Milch	*la leche*
Milchmann	*el lechero*
Million	*el millón*
mißtrauen	*desconfiar*
mit	*con*

Mittagessen	*el almuerzo*
zu Mittag essen	*almorzar (ue)*
Mitternacht	*la medianoche*
Mittwoch	*miércoles*
die Möbel	*los muebles* (s. a. Seite 131)
möglich	*posible*
Monat	*el mes*
Mond	*la luna*
Montag	*lunes*
Morgen; morgen	*la mañana; mañana*
Mücke	*el mosquito*
müde	*cansado, -a*
mühsam	*penoso, -a*
Mund	*la boca*
Münze	*la moneda*
Musik	*la música*
müssen	*tener que; deber*
Mutter	*la madre*

N

Nachbar, -in	*vecino, -a*
Nachfrage	*la demanda*
nachgeben	*ceder*
nachher, dann	*después*
am Nachmittag	*por la tarde*
nächst	*próximo, -a*
Nacht; gute Nacht	*la noche; buenas noches*
Nacht werden	*anochecer*
Nachthemd	*el camisón*
nackt	*desnudo, -a*
nahe, nächst	*cercano, -a*
nähen	*coser*
sich nähern	*acercarse; aproximarse*
naß; sich naß machen	*mojado, -a; mojarse*
nehmen	*tomar; coger*
Nelke	*el clavel*
neu	*nuevo, -a*
neugierig	*curioso, -a*
neun	*nueve*

neunter, -e, -es	*noveno, -a*
neunzehn	*diecinueve*
neunzig	*noventa*
nicht, nein	*no*
nichts	*no . . . nada*
nie	*no . . . nunca*
niedrig	*bajo, -a*
niemand	*no . . . nadie*
noch	*todavía*
nochmals	*otra vez*
noch nicht	*no . . . aún*
Norden	*el norte*
nötig	*necesario, -a*
es ist nötig	*hace falta; es preciso*
November	*noviembre*
Nummer	*el número*
nur	*sólo*
Nuß	*la nuez, las nueces*

O

oben	*arriba*
obschon	*aunque*
Obstgarten	*el verjel*
offen	*abierto, -a*
öffnen	*abrir*
ohne	*sin*
ohne weiteres	*sin más ni más*
Ohr(muschel)	*la oreja*
Ohr, als Organ	*el oído*
Ohrringe	*los pendientes*
Oktober	*octubre*
Oel	*el aceite*
Omelette	*la tortilla*
Orange; Orangenbaum	*la naranja; el naranjo*
Orangensaft	*el zumo de naranja*
Ort	*el lugar* (s. a. Seite 133)

P

Paar	*el par*
Palme	*la palmera*
Papier	*el papel*
Parkettboden	*el entarimado*
Passagier	*el pasajero*
Pelz, Leder	*la piel*
Personalausweis	*la tarjeta de identitad; el carnet*
persönlich	*personal*
Persönlichkeit	*el personaje*
Pesete	*la peseta*
Pfad	*el sendero*
pfeifen	*silbar*
Pferd	*el caballo*
Pfirsich, Pfirsichbaum	*el melocotón; el melocotonero*
pflegen	*cuidar*
pflegen, etwas zu tun	*acostumbrar a + inf.*
Phantasie	*la fantasía*
Platte	*la fuente*
Platz, Stelle	*el puesto*
Platz nehmen	*tomar asiento*
plötzlich	*de repente (adv.)*
polieren	*lustrar*
Polizei	*la policía*
Portier	*el portero*
Post(gebäude)	*correos* (s. a. Seite 139)
Postkarte	*la tarjeta postal*
probieren	*probar (ue)*
Pullover	*el jersey*
pünktlich	*puntual*
Puppe	*la muñeca*
Pyjama	*el pijama*

R

sich rasieren	*afeitarse*
Rasierklinge	*la hoja de afeitar*
Rechnung	*la cuenta*

rechts	*a la derecha*
rechtzeitig	*a tiempo*
regnen	*llover (ue)*
reiben, aufwaschen	*fregar (ie)*
reich	*rico, -a*
reinigen	*limpiar*
Reisebüro	*la agencia de viajes*
reisen	*viajar*
Reisender	*el viajero*
Reiseroute	*la ruta*
retten	*salvar*
in Richtung von	*en dirección a*
Ringelreihen machen	*jugar al corro*
riskieren	*arriesgar*
Rose	*la rosa*
rot	*rojo, -a*
Rotwein	*vino tinto*
Rückreise	*la vuelta*
Ruhe	*la tranquilidad*
Rundfunk	*la radio (telefonía)*

S

Sache, Ding	*la cosa*
Säge	*la sierra*
sagen	*decir*
Salz	*la sal*
Samstag	*sábado*
Sand	*la arena*
Sandwich	*el bocadillo*
sauber	*limpio, -a*
es ist schade	*es lástima*
Schaf	*la oveja*
im Schatten	*a la sombra*
schätzen	*apreciar*
schauen	*mirar*
Schaufenster	*el escaparate*
scheinen	*parecer*
schicken	*enviar*
Schiff	*el barco* (s. a. Seite 136)
Schinken	*el jamón*

Schlaf haben	*tener sueño*
schlafen	*dormir (ue)*
schlafen gehen	*acostarse (ue)*
Schlafzimmer	*el dormitorio*
Schlange stehen	*hacer cola*
schleudern	*lanzar*
schließen	*cerrar (ie)*
Schloß (Gebäude)	*el castillo*
Schlüssel	*la llave*
Schmerz	*el dolor*
Schnee	*la nieve*
schneien	*nevar (ie)*
Schnurrbart	*el bigote*
schon	*ya*
schön	*bonito, -a*
schreiben	*escribir*
Schublade	*el cajón*
Schuh	*el zapato*
Schuhcreme	*el betún*
Schuhgeschäft	*la zapatería*
Schuhputzer	*el limpiabotas*
Schule	*la escuela; el colegio*
Schwamm	*la esponja*
schwarz	*negro, -a*
Schwein	*el cerdo; el cochino*
schwer (Gewicht)	*pesado, -a*
Schwiele, Hühnerauge	*el callo*
schwierig	*difícil*
sechs	*seis*
sechster, -e	*sexto, -a*
sechzehn	*dieciséis*
sechzig	*sesenta*
See	*el lago*
Seele	*el alma*
sehen	*ver*
sehr	*muy*
Seide	*la seda*
Seife	*el jabón*
sein (Dauerzustand)	*ser*
sein (vorübergehender Zustand)	*estar*

seither	*desde entonces*
selbst	*mismo, -a*
September	*se(p)tiembre*
Serviette	*la servilleta*
setzen, stellen, legen	*poner*
sich setzen	*sentarse (ie)*
seufzen	*suspirar*
sicher	*seguro, -a*
Sie (Höflichkeitsform)	*usted, ustedes = Vd., Vds.*
sieben	*siete*
siebenter, -e, -es	*séptimo, -a*
siebzehn	*diecisiete*
siebzig	*setenta*
Silber	*la plata*
singen	*cantar*
Sitte	*la costumbre*
so	*así*
so daß	*de tal modo, de manera que*
so sehr	*tan*
soeben etwas getan haben	*acabar de + inf.*
sofern	*siembre que*
sofort	*en seguida*
Sohle	*la suela*
Sohn	*el hijo*
sollen	*deber*
Sommer	*el verano*
sondern	*sino*
Sonne	*el sol*
Sonnenbrand	*la insolación*
Sonntag	*domingo*
Spanien	*España*
spanisch	*español, -a*
sparen	*ahorrar*
spät	*tarde*
spazieren führen	*sacar a paseo*
Spaziergang	*el paseo*
Speisekarte	*la lista de platos*
Spiel	*el juego*
Sport	*el deporte* (s. a. Seite 137)
Sprache	*la lengua*
sprechen	*hablar*

Spruch	*el refrán*
Stadt	*la ciudad* (s. a. Seite 133)
Stadtviertel	*el barrio*
Stahlspäne, -wolle	*virutas de acero*
stammend	*originario, -a*
stärken (Wäsche)	*almidonar*
statt	*en lugar de*
Staubsauger	*el aspirador*
Steckdose	*el enchufe*
stehlen	*robar*
steigen	*montarse*
sterben	*morir (ue)*
Stern	*la estrella*
Steuer	*el impuesto*
Stier	*el toro*
Stierkampf	*la lidia*
Stierkämpfertuch	*el capote*
Stil; im Stil	*el estilo; al estilo*
Stockwerk	*el piso*
stolz	*orgulloso, -a*
Strand	*la playa*
Straße	*la calle*
Straßenbahn	*el tranvía*
Streichhölzer	*los fósforos; las cerillas*
streiten	*reñir*
Strumpf	*la media*
Stück	*el pedazo*
Stuhl	*la silla*
suchen	*buscar*
Süden	*el sur*
süß	*dulce*

T

Tag; guten Tag	*el día; buenos días*
guten Tag (nach Mittagessen)	*buenas tardes*
Tag werden	*amanecer*
tanzen	*bailar*
Tasche, Geldbeutel	*el bolsillo*
Taschentuch	*el pañuelo*

Tasse	*la taza*
tatsächlich	*efectivamente (adv.)*
taub	*sordo, -a*
Teller	*el plato*
Teppich	*la alfombra*
teuer	*caro, -a*
Tier	*el animal*
Tintenfisch	*el calamar*
Tisch	*la mesa*
Tischtuch	*el mantel*
Tomate	*el tomate*
Tochter	*la hija*
töten	*matar*
tragen, hintragen	*llevar*
Träne	*la lágrima*
träumen	*soñar (ue)*
traurig	*triste*
trennen	*partir*
Trennung	*la separación*
Treppe	*la escalera*
Tricotleibchen	*la camiseta*
trinken	*beber*
sich trocknen	*secarse*
trösten	*consolar (ue)*
trotzdem	*sin embargo*
Tulpe	*el tulipán*
Tür	*la puerta*

U

über	*sobre*
Überfahrt	*la travesía*
Überfahrt(skarte)	*el pasaje*
übernachten	*anochecer*
überqueren, durchfahren	*atravesar*
überraschen	*sorprender*
übersetzen	*traducir*
die Übrigen	*los demás*
Uhr	*el reloj*
um zu . . .	*para + inf.*

um uns herum	*en torno nuestro*
Umgebung	*los alrededores*
und	*y*
ungeduldig	*impaciente*
ungeduldig werden	*impacientarse*
unten	*abajo*
unterdessen	*entre tanto*
Untergrundbahn	*el metro*
Unterhosen	*los calzoncillos*
untreu	*infiel*
unvergeßlich	*inolvidable*

V

Vater	*el padre*
Veilchen	*la violeta*
sich verabschieden von	*despedirse de (i)*
verankert	*anclado, -a*
verbessern	*corregir (i)*
Verbeugung	*la reverencia*
verbieten	*prohibir*
verdienen (Geld)	*ganar dinero*
verfügen	*disponer*
zur Verfügung	*a disposición*
Vergnügung	*la diversión*
Verhandlung	*la negociación*
verkaufen	*vender*
Verkäufer, Angestellter	*el dependiente*
Verkäuferin	*la vendedora*
Verkehr	*la circulación*
Verkehrspolizist	*el agente de circulación*
verlieren	*perder (ie)*
verrückt	*loco, -a*
verschieden	*diferente*
verstehen	*entender (ie)*
versuchen	*probar (ue)*
verteilen	*distribuir*
Verwandte	*los parientes*
verzeihen	*perdonar*
viel	*mucho, -a*

vielleicht	*quizá (s)*
vier	*cuatro*
Viertelstunde	*un cuarto de hora*
vierter, -e, -es	*cuarto, -a*
vierzehn	*catorce*
vierzig	*cuarenta*
Vogel	*el pájaro*
Volk	*el pueblo*
voll	*lleno, -a*
vor (örtlich)	*delante de*
vorausgehen	*adelantarse*
Vorführung	*la exhibición*
vorkommen	*ocurrir*
Vorort	*el suburbio*
vorsichtig	*prudente*
vorüberziehen	*desfilar*
Vorwand	*el pretexto*

W

Wachs	*la cera*
Wagen	*el coche*
wählen	*elegir (i)*
während (Konjunktion)	*mientras*
wahrhaftig	*verdadero, -a*
Ware	*la mercancía*
warm, heiß	*caliente*
sich warm anziehen	*abrigarse*
warten	*esperar*
warum	*por qué*
was	*qué*
Wäsche	*la ropa*
Wäschestücke	*las prendas*
Waschmaschine	*la lavadora*
Wasser	*el agua*
Wasserhahn	*el grifo*
wechseln	*cambiar*
wecken	*despertar (ie)*
Weg	*el camino*
aus dem Wege gehen	*apartarse*

weil	*porque*
Wein	*el vino*
weinen	*llorar*
Weißwein	*vino blanco*
Weisung	*la instrucción*
weit entfernt	*lejos*
welcher, -e, -es; -e	*que*
welcher (von)	*cuál, cuáles*
Welt	*el mundo*
wenn, als	*cuando*
wenn, ob	*si*
wer	*quién, quienes*
werfen	*echar*
wert sein	*valer*
Wesen	*el ser*
Wetter	*el tiempo* (s. a. Seite 139)
wie	*como*
wie wenn	*como si*
Wiegenlied	*la canción de cuna*
Wiese	*el prado*
wieviel, -e	*cuánto, -a*
willig	*dócil*
Winter	*el invierno*
wirklich (Adv.)	*de verdad, en verdad*
Wirkung	*el efecto*
wo	*dónde*
Wohnzimmer	*el cuarto de estar*
wollen	*querer (ie)*
Wollstoff	*la tela de lana*
Wort	*la palabra*
Wunder(werk)	*la maravilla*
wunderbar	*maravilloso, -a*
Wunsch	*el deseo*
wünschen	*desear*
würdig, würdevoll	*digno, -a*
Wurst	*el embutido; el fiambre*
Wüste	*el desierto*
wütend	*furioso, -a*

Z

zählen, erzählen	*contar (ue)*
Zahn	*el diente*
zehn	*diez*
zehnter, -e, -es	*décimo, -a*
zeigen	*mostrar (ue)*
Zeit	*el tiempo* (s. a. Seite 141)
Zeitung	*el periódico*
Zelle	*la celda*
Zentrum, Mitte	*el centro*
zerbrochen	*roto, -a*
zerschneiden, schneiden	*cortar*
Zigarre	*el puro*
Zigarette	*el cigarrillo*
Zigeuner	*el gitano*
Zimmer	*la habitación*
Zimmermädchen	*la camarera*
Zitronenbaum	*el limonero*
Zoll	*la aduana*
zu sehr, übermäßig	*demasiado*
zuerst	*primero*
Zufall	*la casualidad*
zufrieden	*contento, -a*
zuhören	*escuchar*
Zug (Eisenbahn)	*el tren*
Zunge	*la lengua*
zurückgehen	*retroceder*
zurückkehren	*volver (ue); regresar*
zuschauen	*mirar*
zwanzig	*veinte*
zwei	*dos*
Zweig	*la rama*
zweiter, -e, -es	*segundo, -a*
zwölf	*doce*
Zypresse	*el ciprés*

FIN
RW

SACHBUCH

Als Band mit der Bestellnummer 63 072 erschien:

Hans Eideneier

NEUGRIECHISCH, WIE ES NICHT IM WÖRTERBUCH STEHT

In diesem Sprach- und Fremdenführer wird der Leser auf unterhaltsame Weise mit der neugriechischen Sprache und Grammatik bekannt gemacht. Das Buch ist außerdem eine nützliche Hilfe für alle Griechenlandreisenden: Sie erfahren das wichtigste über Sitten und Lebensstil der Hellenen und finden dadurch leichter eine Beziehung zur Mentalität dieses alten Kulturvolkes.